Text und Design	© Peggy Porschen 2005 und 2007
Fotografie	© Georgia Glynn Smith 2005 und 2007
Redaktion und grafische Gestaltung	© Quadrille Publishing 2005 und 2007
Adaption für den deutschen Markt	Verlag Zabert Sandmann, München

Deutsche Erstausgabe	© Verlag Zabert Sandmann, 2007
	ISBN 978-3-89883-174-1

Redaktion	Martin Kintrup, Kathrin Ullerich, Eva-Maria Hege
Vorwort	Susann Naumann
Porträtfotos	Tim Winter
Herstellung	Karin Mayer, Peter Karg-Cordes
Druck & Bindung	in Spanien

Besuchen Sie uns auch im Internet unter www.zsverlag.de

PEGGY PORSCHEN

Meine schönsten Torten und Cookies

BACKEN · VERZIEREN · DEKORIEREN

ZABERT SANDMANN

Anna

Inhalt

Die Torten-Queen

»Eigentlich«, sagt Peggy Porschen, »wollte ich in London nur meine Ausbildung zur Konditorin absolvieren. Aber dann kam Elton John.« Für seine AIDS-Gala, den »White Tie and Tiara Ball«, benötigte der Star Schokoladeneier im Fabergé-Stil. »Ich arbeitete zu dieser Zeit bei der Catering-Firma ›Rhubarb Food Design‹, die derartige Events für die Elton John AIDS Foundation mit ausgerichtet hat. Das Ei war das Symbol der Veranstaltung. Meine damalige Chefin und mein Freund Bryn hatten die Idee, dieses Symbol als essbares Schmuckstück zu kreieren«, erinnert sie sich. Peggy machte sich an die Arbeit und fertigte in wochenlanger Geduldsarbeit 500 Eier aus weißer Schokolade, verziert mit Blüten, Blättern und Kronen. Die Eier waren die Sensation, die Presse überschlug sich mit Lob – und Peggy Porschen blieb in London.

Das war im Jahr 2003. Seit dieser Zeit gehört das Tortenstudio der jungen Deutschen im Londoner Stadtteil Battersea zu den ersten Adressen der Londoner High-Society. Stella McCartney bestellte ihre Hochzeitstorte bei ihr, ebenso der Kapitän der englischen Fußballnationalmannschaft, John Terry. Auch in Deutschland ist sie mittlerweile bekannt: In »Kochen bei Kerner« trat sie an der Seite von Alfons Schuhbeck auf. »Ich hatte bisher viel Glück«, meint die 31-Jährige bescheiden. Glück? Das ist sicherlich nur die halbe Wahrheit. Neben harter Arbeit verdankt sie ihren Erfolg vor allem ihrer Leidenschaft fürs Backen und Dekorieren. Diese Leidenschaft scheint der 1976 in Düren geborenen Peggy in die Wiege gelegt zu sein. Zum Beweis zeigt sie ein Foto von ihrem ersten Geburtstag: Peggy mit ihrer ersten Geburtstagstorte. »Seitdem war der Kuchen das Highlight, und ich habe mich jedes Jahr vor allem darauf gefreut«, erzählt sie. Mit 14 backt sie ihre erste eigene Torte, ein Valentinsherz im englischen Stil, aus dem Backbuch ihrer Mutter. Konditorin, das steht für sie nun fest, ist ihr Traumberuf. Dennoch beginnt sie nach dem Abitur als Flugbegleiterin. Und backt weiter für Kollegen und Freunde. Bis diese ihr sagen: »Peggy, du bist zum Kuchenbacken geboren. Schau dir an, wie glücklich die Leute jedes Mal mit deinen Torten sind.« Sie hängt ihren Job an den Nagel und sucht einen Ausbildungsplatz. Doch in Deutschland findet sie nicht das Passende, zu konservativ und altbacken erscheint ihr hier der Beruf des Konditors. »Außerdem war ich damals schon 23 Jahre alt und hatte keine Lust, während der dreijährigen Ausbildung ein Jahr lang nur Mürbeteigböden zu backen.« Mit ihrem damaligen Freund geht Peggy 1998 nach London und besucht die renommierte Patisserie- und Kochschule »Le Cordon Bleu«. »Dort habe ich in einem Jahr gelernt, was sich in Deutschland über drei Jahre hingezogen hätte.«

Sie absolviert die Schule mit Bravour und bekommt eine Stelle in einem berühmten Londoner Hotel. Doch dort ist sie für die Desserts zuständig – mit ihrem Traumberuf »Cake-Designerin« hat das wenig zu tun. Deshalb versucht sie ihr Glück bei »Konditor & Cook«, der Firma des deutschen Backkünstlers Gerhard Jenne. Der gebürtige Freiburger, der bereits in den 80er-Jahren nach London zog, gibt ihr die Chance, Kuchen und Torten zu dekorieren. Am Abend besucht sie Weiterbildungskurse

und arbeitet nebenbei für die Catering-Firma ›Rhubarb Food Design‹, die unter anderem die Events für die Elton John AIDS Foundation ausrichtet. »Der Elton-John-Auftrag war der Startschuss«, sagt Peggy Porschen. Sie macht sich selbstständig und backt zunächst allein zu Hause – ausschließlich und nur mit ihrem eigenen Herd, ihrem eigenen Kühlschrank, ihrem eigenen Handwerkszeug. Der erste Großauftrag des Londoner Kaufhauses »Fortnum & Mason« bringt sie dann an den Rand ihrer Kapazitäten. »Wir mussten 5000 Kekse backen. Da stapelten sich irgendwann sogar im Schlafzimmer die Bleche«, erinnert sich Peggy. 2005 schafft sie es ohne Hilfe nicht mehr. Sie stellt Personal ein und gründet gemeinsam mit ihrem Freund Bryn Morrow, einem erfolgreichen Koch, die Peggy Porschen Ltd. Gemeinsam mit ihren acht Angestellten fertigt sie seitdem Torten, Kuchen und Kekse für jeden Anlass. Very pretty, romantisch, aber auch sehr detailliert und filigran, so beschreibt die junge Deutsche ihren unverwechselbaren Tortenstil. Ideen für ein neues Backwerk kommen ihr oft beim Spaziergang durch die Straßen Londons. »Eine Stadt wie London ist für meinen Job ein Glücksfall. Denn hier starten die Trends«, sagt sie. Trends wie der Retro-Look oder Barock. Bei den Brautmoden dominiert ein dickes Schleifenband um die Hüfte, das von einer großen Brosche gehalten wird. Peggy Porschen hat darauf reagiert und eine Torte genau nach diesen Vorgaben kreiert. Inspirieren lässt sie sich bei den Hochzeitstorten auch vom Brautpaar selbst. »Wir fordern jede Braut auf, zum ersten Gespräch etwas ganz Persönliches mitzubringen. Ein Stück Spitze vom Brautkleid etwa oder eine Einladungskarte. Diese Muster und Ideen übernehme ich dann beim Entwurf der Torte.«

Für ihre Kuchen verwendet sie nur die besten Zutaten: frische Eier und natürliche Aromen wie echte Vanille und unbehandelte Zitronenschale. Doch das ist noch nicht alles. Damit ein Kuchen wirklich perfekt wird, arbeitet Peggy mit kleinen Tricks. »Wenn der Kuchen aus dem Ofen kommt, tränken wir ihn direkt mit Zuckersirup. Nachdem er ausgekühlt ist, wird er in Folie gewickelt und über Nacht in den Kühlschrank gestellt. Dann ist er am nächsten Tag wunderbar schnittfest«, verrät sie. Dass eine Torte perfekt sein muss, steht für sie außer Frage. Deshalb legt sie an jedes Backwerk nach wie vor selbst Hand an. Hat sie einen freien Tag, geht sie gern in der Innenstadt bummeln oder relaxt im Battersea-Park. Und so oft es geht, fährt sich nach Hause, zu ihren Eltern nach Nordrhein-Westfalen. Dann lässt sie es sich mit einem Stück deutscher Torte gutgehen. »Ich hatte schon immer eine Schwäche für Süßes«, gibt sie zu. Die Verführung der eigenen Kuchen ist jedoch nicht mehr so groß. Mit einer Ausnahme: »Wenn wir unsere Schokoladencreme machen, kann ich nicht widerstehen«, schmunzelt sie. »Es gibt nichts Besseres.«

Die Basics

Grundteige und -techniken

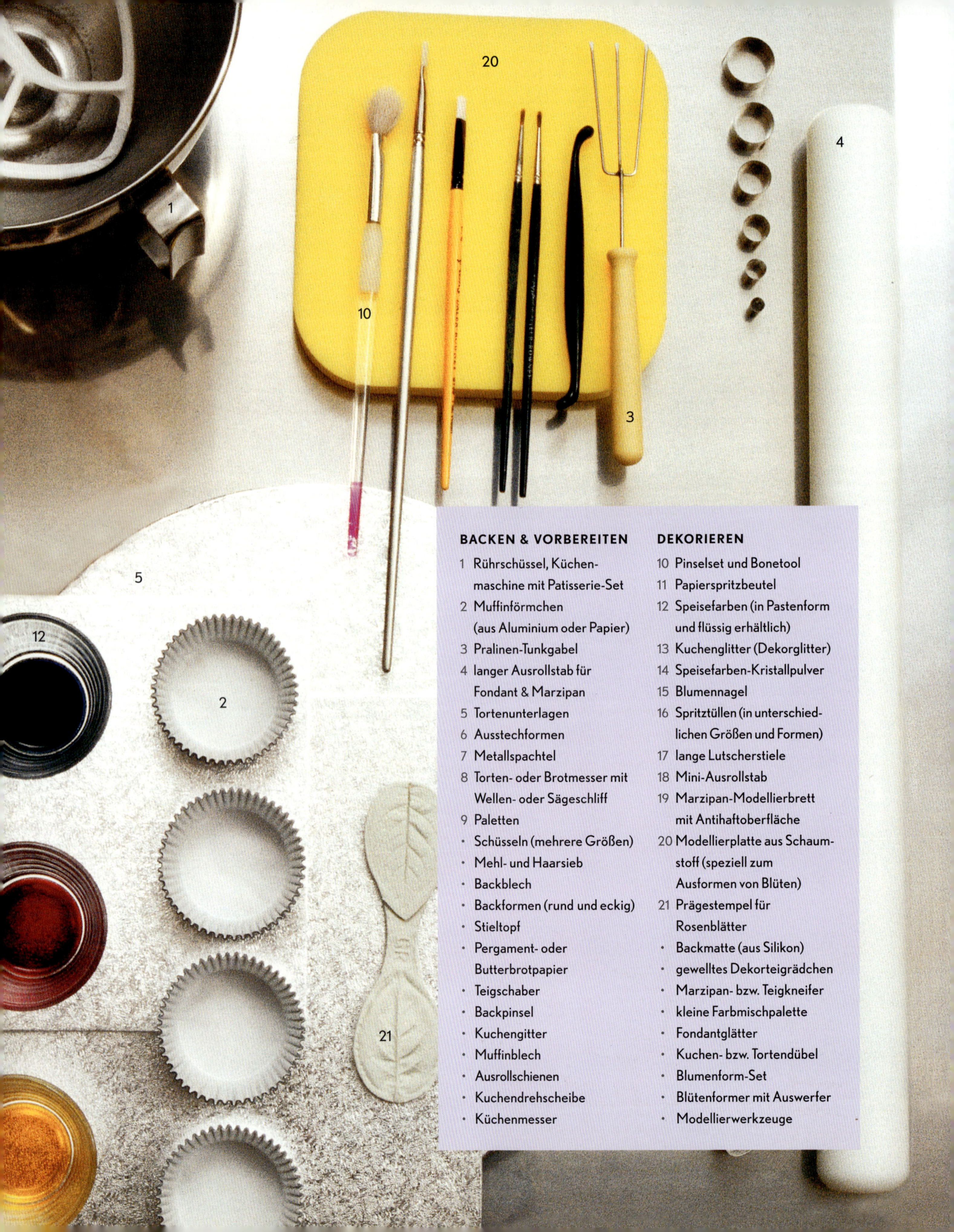

BACKEN & VORBEREITEN

1 Rührschüssel, Küchenmaschine mit Patisserie-Set
2 Muffinförmchen (aus Aluminium oder Papier)
3 Pralinen-Tunkgabel
4 langer Ausrollstab für Fondant & Marzipan
5 Tortenunterlagen
6 Ausstechformen
7 Metallspachtel
8 Torten- oder Brotmesser mit Wellen- oder Sägeschliff
9 Paletten

- Schüsseln (mehrere Größen)
- Mehl- und Haarsieb
- Backblech
- Backformen (rund und eckig)
- Stieltopf
- Pergament- oder Butterbrotpapier
- Teigschaber
- Backpinsel
- Kuchengitter
- Muffinblech
- Ausrollschienen
- Kuchendrehscheibe
- Küchenmesser

DEKORIEREN

10 Pinselset und Bonetool
11 Papierspritzbeutel
12 Speisefarben (in Pastenform und flüssig erhältlich)
13 Kuchenglitter (Dekorglitter)
14 Speisefarben-Kristallpulver
15 Blumennagel
16 Spritztüllen (in unterschiedlichen Größen und Formen)
17 lange Lutscherstiele
18 Mini-Ausrollstab
19 Marzipan-Modellierbrett mit Antihaftoberfläche
20 Modellierplatte aus Schaumstoff (speziell zum Ausformen von Blüten)
21 Prägestempel für Rosenblätter

- Backmatte (aus Silikon)
- gewelltes Dekorteigrädchen
- Marzipan- bzw. Teigkneifer
- kleine Farbmischpalette
- Fondantglätter
- Kuchen- bzw. Tortendübel
- Blumenform-Set
- Blütenformer mit Auswerfer
- Modellierwerkzeuge

Grundausstattung

Hier habe ich die Utensilien zusammengestellt, die das Backen und Dekorieren meiner Torten, Kuchen und Plätzchen erleichtern. Sie müssen nicht alles, was auf der Liste steht, gleich anschaffen – bei vielen Dekors können Sie mit vorhandenen Gerätschaften improvisieren. Für den Anfang und für einfache Gebäckstücke reicht eine kleine Grundausstattung: eine Palette, Backpapier, aus dem sich auch Spritzbeutel formen lassen, ein paar Spritztüllen und ein Ausrollstab für Marzipan und Fondant, an dem nichts haften bleibt. Bei den raffinierteren Dekors kommen Sie jedoch ohne das entsprechende Handwerkszeug nicht aus.

Grundteige für Plätzchen

Im Laufe der Jahre habe ich Grundrezepte für Plätzchen und Kuchen entwickelt, die köstlich schmecken und sich bestens zum Dekorieren eignen. Um ein gutes Ergebnis zu erzielen, sollten Sie den Anleitungen genau folgen. Zeit, Geduld und das Beherrschen der Techniken spielen beim Backen eine ebenso große Rolle wie die Qualität der Zutaten. Dazu zählen für mich Bioprodukte, echte Vanille und hochwertige Konfitüren. Wichtig sind natürlich auch originelle Ausstechformen, die Sie ganz einfach z.B. im Internet bestellen können (siehe S. 142).

Grundrezept für süße Plätzchen

FÜR 25 MITTELGROSSE ODER 12 GROSSE PLÄTZCHEN

Ofentemperatur: 180 °C; Backzeit: je nach Plätzchengröße 6 bis 10 Minuten

200 g weiche Butter
200 g feinster Zucker · 1 Ei
400 g Mehl und Mehl zum Ausrollen

ZUM AROMATISIEREN

Vanilleplätzchen: Mark von 1 Vanilleschote
Orangen- bzw. Zitronenplätzchen: abgeriebene Schale von 1 unbehandelten Orange bzw. Zitrone
Schokoladenplätzchen: 50 g Kakaopulver (dann nur 350 g Mehl verwenden)

UTENSILIEN

Rührschüssel
Handrührgerät oder Küchenmaschine
Mehlsieb · Frischhaltefolie
Ausrollstab · Ausrollschienen (5 mm hoch)
Ausstechformen (Bezugsquellen siehe S. 142)
Backblech · Backpapier
kleine Palette · Kuchengitter
Alufolie

1 Butter, Zucker und das gewünschte Aroma in die Schüssel geben. Mit dem Handrührgerät oder in der Küchenmaschine rühren, bis die Mischung cremig ist. Nicht zu schaumig rühren, sonst dehnt sich der Teig beim Backen zu stark aus.

2 Das Ei verquirlen und unterrühren. Das Mehl dazusieben und auf niedriger Stufe gründlich einarbeiten, bis sich der Teig von der Schüsselwand löst (Step 1). Den Teig zu einer Kugel formen, in Frischhaltefolie wickeln und 1 Stunde kühl stellen.

3 Den Teig auf der bemehlten Arbeitsfläche durchkneten, 5 mm dick ausrollen (Step 2 und Tipp) und die gewünschten Formen ausstechen. Das Backblech mit Backpapier auslegen. Die Plätzchen auf das Blech legen und 30 Minuten kühl stellen.

4 Den Backofen auf 180 °C vorheizen. Die Plätzchen je nach Größe 6 bis 10 Minuten backen, bis die Ränder goldbraun sind. Auf dem Kuchengitter abkühlen lassen. In Alufolie einschlagen und kühl und trocken lagern – so sind sie 1 Monat haltbar.

MEIN TIPP

Ausrollschienen (Step 2) sind ein praktisches Hilfsmittel, um den Teig gleichmäßig dünn auszurollen. Backen Sie immer nur gleich große Plätzchen auf einem Blech – so sind alle Plätzchen zur gleichen Zeit fertig.

Grundrezept für Ingwerplätzchen

FÜR 40 MITTELGROSSE ODER 20 GROSSE PLÄTZCHEN

Ofentemperatur: 200 °C; Backzeit: je nach Plätzchengröße 8 bis 12 Minuten

210 g brauner Zucker (Farinzucker)
3 EL Rübensirup
3 EL Ahornsirup
3 EL Ingwerpulver
3 EL Zimtpulver
1 TL Nelkenpulver
250 g kalte gesalzene Butter (in Würfel geschnitten)
1 TL Backpulver
560 g Mehl und Mehl zum Ausrollen

UTENSILIEN

tiefer Topf
Rührlöffel
Rührschüssel · Mehlsieb
Handrührgerät oder Küchenmaschine
Frischhaltefolie
Ausrollstab · Ausrollschienen (5 mm hoch)
Ausstechformen (Bezugsquellen siehe S. 142)
Backblech · Backpapier
kleine Palette
Kuchengitter

1 Am Vortag für die Würzmischung den braunen Zucker, beide Sirupsorten und die Gewürze mit 5 EL Wasser im Topf unter Rühren aufkochen (siehe S. 14, Step 1) und vom Herd nehmen.

2 Die Butterwürfel unter Rühren darin schmelzen (siehe S. 14, Step 2). Das Backpulver dazugeben, die Mischung kräftig verrühren und lauwarm abkühlen lassen.

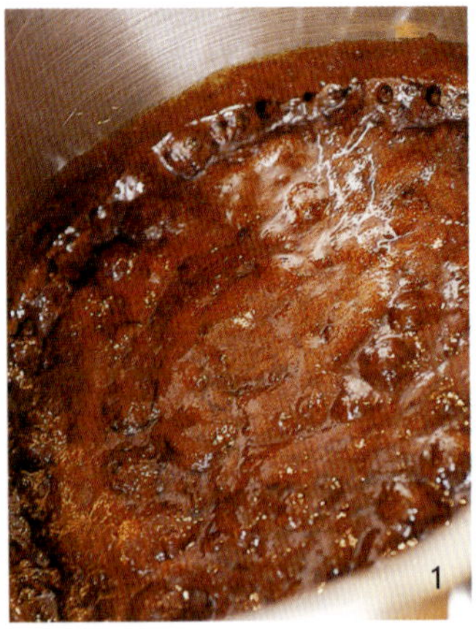

1

2

3

3 Die Würzmischung in die Rührschüssel umfüllen. Das Mehl nach und nach dazusieben und mit dem Handrührgerät oder in der Küchenmaschine auf niedriger Stufe unterkneten, bis sich der Teig von der Schüsselwand löst (Step 3).

4 Den Teig zu einer Kugel formen, in Frischhaltefolie wickeln und über Nacht kühl stellen.

5 Am nächsten Tag den Teig auf der bemehlten Arbeitsfläche durchkneten und 5 mm dick ausrollen (am besten mithilfe von Ausrollschienen, siehe S. 12, Step 2).

6 Aus der Teigplatte die gewünschten Formen ausstechen. Das Backblech mit Backpapier auslegen. Die Plätzchen auf das Blech legen und 30 Minuten kühl stellen.

7 Den Backofen auf 200 °C vorheizen. Die Plätzchen je nach Größe 8 bis 12 Minuten backen. Die Plätzchen sind fertig, wenn sie sich an der Oberfläche fest anfühlen.

8 Die Plätzchen auf dem Kuchengitter abkühlen lassen. In einem luftdicht verschließbaren Behälter oder einer Keksdose können die Ingwerplätzchen kühl und trocken etwa 3 Monate aufbewahrt werden.

MEIN TIPP

Plätzchenteig oder bereits ausgestochene, ungebackene Plätzchen können Sie gut in Frischhaltefolie wickeln und bis zur weiteren Verarbeitung einfrieren (der Teig ist etwa 3 Monate haltbar). Das ist nicht nur praktisch, sondern hat auch den Vorteil, dass Plätzchen aus eingefrorenem Teig beim Backen weniger stark auseinanderlaufen als Plätzchen aus frisch zubereitetem Teig.

Natürlich können Sie auch gerne Ihre Lieblingsplätzchen backen und diese nach meinen Deko-Anleitungen aus dem Kapitel »Plätzchen und Cookies« verzieren.

Grundteige für Kuchen und Torten

Grundrezept für Rührkuchen

FÜR 1 KUCHEN (RUND, 22 CM Ø; QUADRATISCH, 20 X 20 CM), 12 MUFFINS ODER 25 PETIT FOURS

Ofentemperatur: 180 °C; Backzeit: größere Kuchen 25–45 Minuten, Muffins oder Petit Fours 12–15 Minuten

200 g Mehl
2 TL Backpulver
200 g weiche gesalzene Butter
200 g feinster Zucker
4 Eier
100 ml Zuckersirup (Rezept S. 18, nach Belieben aromatisiert)

ZUM AROMATISIEREN

Vanillekuchen: Mark von 1 Vanilleschote
Zitronenkuchen: abgeriebene Schale von 2 unbehandelten Zitronen
Orangenkuchen: abgeriebene Schale von 2 unbehandelten Orangen

UTENSILIEN

Rührschüssel
Handrührgerät oder Küchenmaschine
Mehlsieb
Backform (je nach Gebäckwunsch)
Backpapier oder
Muffinförmchen (aus Papier)
großer Spritzbeutel (aus Kunststoff)
große Palette
Holzstäbchen
Backpinsel
Kuchengitter

1 Den Backofen auf 180 °C vorheizen. Mehl und Backpulver vermischen. Butter, Zucker und das gewünschte Aroma in der Schüssel mit dem Handrührgerät oder in der Küchenmaschine schaumig rühren.

2 Die Eier verquirlen, in kleinen Portionen hinzufügen und auf der mittleren Stufe langsam unterrühren. Falls die Masse zu gerinnen beginnt, etwas Mehl dazusieben. Rühren, bis der Teig glatt, hell und schaumig ist.

3 Die Mehlmischung nach und nach auf die Butter-Zucker-Masse sieben und auf niedrigster Stufe untermischen.

4 Die Backform mit Backpapier auslegen (siehe S. 16, Step 1 und 2). Für Muffins Papierförmchen in das Muffinblech setzen. Die Teigmasse in die gewählte Backform füllen, bei kleinen Formen am besten mithilfe eines Spritzbeutels. Die Oberfläche mit der Palette glatt streichen (siehe S. 16, Step 3 und 4). Achtung: Die Mitte des Kuchens hebt sich beim Backen, daher sollte der Teig zum Rand hin etwas höher gestrichen werden. Die Muffinförmchen nur zu zwei Dritteln füllen.

5 Den Kuchen backen (Backzeit abhängig von der Größe). Er ist fertig, wenn er sich etwas vom Rand der Backform löst und wenn an einem Holzstäbchen, das man in den Kuchen sticht, kein Teig mehr haften bleibt. Während der Kuchen im Ofen ist, den Zuckersirup zubereiten.

1

2

3

4

6 Den fertigen Kuchen 15 Minuten, die Muffins 10 Minuten in der Form ruhen lassen. Dann mit dem Holzstäbchen den noch warmen Kuchen in kurzen Abständen einstechen und den Zuckersirup mit dem Backpinsel gleichmäßig daraufstreichen.

7 Das abgekühlte Gebäck auf das Kuchengitter stürzen und auskühlen lassen. Nach dem Tränken ist der Kuchen kühl gelagert bis zu 7 Tage haltbar. Gut verpackt und sachgemäß eingefroren, hält sich das getränkte Gebäck bis zu 3 Monate.

MEIN TIPP

Große Kuchen zerbröckeln leicht, wenn man sie gleich am Backtag schneidet, glasiert oder füllt. Das lässt sich vermeiden, wenn man sie nach dem Auskühlen erst in Backpapier und anschließend in Alufolie wickelt und über Nacht an einen kühlen, trockenen Platz stellt.

Grundrezept für Schokoladenkuchen

Mein Schokoladenkuchen ist fester als manch anderer, außerdem wiegt er etwas mehr. Daher eignet er sich bestens als Basis für mehrstöckige Torten. Mit Marzipan und/oder Fondant überzogen, ist er 7 Tage haltbar (nicht in den Kühlschrank stellen).

FÜR 1 KUCHEN (RUND, 22 CM Ø; QUADRATISCH, 20 X 20 CM) ODER 12 MUFFINS

Ofentemperatur: 160 °C; Backzeit: größere Kuchen 25–45 Minuten, Muffins etwa 15 Minuten

75 g dunkle Schokolade (klein gehackt)
100 ml Milch · 225 g brauner Zucker
75 g weiche gesalzene Butter
2 Eier · 150 g Mehl
1½ EL Kakaopulver
½ TL Backpulver · ½ TL Natron

UTENSILIEN

Backform (je nach Gebäckwunsch)
Backpapier oder Muffinförmchen (aus Papier)
Stieltopf · Rührlöffel
Rührschüssel
Handrührgerät oder Küchenmaschine
Mehlsieb · Messbecher
Teigschaber · Holzstäbchen
Kuchengitter · Alufolie

1 Den Backofen auf 160 °C vorheizen. Die Backform mit Backpapier auslegen (Step 1 und 2). Für Muffins Papierförmchen in das Muffinblech setzen.

2 Schokolade, Milch und die Hälfte des Zuckers in den Stieltopf geben, unter Rühren zum Kochen bringen und warm halten.

3 Die Butter und den restlichen Zucker mit dem Handrührgerät oder in der Küchenmaschine schaumig rühren.
Die Eier verquirlen, in kleinen Portionen hinzufügen und langsam unterrühren.
Mehl, Kakaopulver, Backpulver und Natron auf die schaumige Masse sieben und auf niedriger Stufe untermischen.

4 Die noch heiße Schokoladenmischung in den Messbecher füllen. Nach und nach zur Buttermasse gießen, dabei langsam rühren. Den Schokoladenteig in die Backform füllen.

5 Wie lange der Kuchen im Ofen bleibt, hängt von der Größe ab. Er ist fertig, wenn er sich etwas vom Rand der Backform löst oder wenn an einem Holzstäbchen, das man in den Schokoladenkuchen sticht, kein Teig mehr haften bleibt.

6 Den Kuchen 15 Minuten in der Form ruhen lassen, dann zum Auskühlen auf das Kuchengitter stürzen. Den Kuchen erst in Backpapier, dann in Alufolie wickeln und über Nacht an einen kühlen, trockenen Platz stellen.

MEIN TIPP

Füllen Sie die Muffinförmchen nur zu zwei Dritteln, da der Teig beim Backen noch aufgeht. Der flüssige Teig lässt sich leichter auf die Förmchen verteilen, wenn man ihn in einen Messbecher mit schmalem Ausgießer füllt. Man kann die gebackenen Muffins gut einfrieren – sie halten sich bis zu 3 Monate.

Kuchenfüllungen

Zuckersirup

FÜR 100 ML ZUCKERSIRUP

Der Sirup ist schnell gemacht: 75 g Zucker mit 5 EL Wasser in einem Stieltopf unter Rühren zum Kochen bringen, vom Herd nehmen und abkühlen lassen.

FÜR 100 ML VANILLESIRUP

75 g Zucker
Mark von ½ Vanilleschote oder
1 TL Vanilleessenz (z. B. Madagaskar-Vanille)

FÜR 100 ML ZITRONENSIRUP

5 EL frisch gepresster Zitronensaft
75 g Zucker
1 EL Limoncello (ital. Zitronenlikör)

FÜR 100 ML ORANGENSIRUP

5 EL frisch gepresster Orangensaft
75 g Zucker
1 EL Grand Marnier (franz. Orangenlikör)

UTENSILIEN

Stieltopf
Rührlöffel

1 Für den Vanillesirup 5 EL Wasser, für die anderen Sirupsorten den jeweiligen Saft mit dem Zucker in den Stieltopf geben und unter Rühren zum Kochen bringen. Den Topf vom Herd nehmen und den Sirup abkühlen lassen.

2 Die geschmacksgebenden Aromen (wie z. B. Vanillemark) gründlich unterrühren. In einem luftdicht verschließbaren Behälter kann man den Sirup im Kühlschrank etwa 1 Monat aufbewahren.

Buttercreme

Bei Buttercreme mache ich keine Experimente. Ich bereite sie nach einem traditionellen englischen Rezept einfach aus gleichen Teilen Butter und Puderzucker zu. Der große Vorteil: Da diese Creme keine Eier enthält, kann man sie länger aufbewahren als die meisten anderen Cremeversionen. Wegen des einfachen Mischungsverhältnisses kann man das Rezept leicht auf die jeweils benötigte Menge umrechnen.

FÜR 600 G BUTTERCREME

300 g weiche Butter
300 g Puderzucker (gesiebt)
1 Prise Salz

ZUM AROMATISIEREN

Vanillebuttercreme: Mark von 1 Vanilleschote
Zitronenbuttercreme: abgeriebene Schale von 2 unbehandelten Zitronen
Orangenbuttercreme: abgeriebene Schale von 2 unbehandelten Orangen

UTENSILIEN

Rührschüssel
Handrührgerät oder Küchenmaschine

1 Butter, Puderzucker und Salz mit dem Handrührgerät oder in der Küchenmaschine auf niedrigster Stufe gut verrühren. Die Rührgeschwindigkeit erhöhen und rühren, bis die Buttercreme locker und schaumig ist.

2 Zur Aufbewahrung die Buttercreme in einen luftdicht verschließbaren Behälter füllen und in den Kühlschrank stellen – so ist sie etwa 2 Wochen haltbar.

MEIN TIPP

Holen Sie die Buttercreme vor der Verwendung rechtzeitig aus dem Kühlschrank. Bei Zimmertemperatur lässt sie sich ideal verarbeiten.

Belgische Ganache

Diese Konditorcreme ist quasi eine schnelle Schokomousse. Mit der köstlichen Creme werden sonst auch gern Pralinen und Trüffel gefüllt.

FÜR 500 G GANACHE

250 g Sahne
250 g dunkle Schokolade (mindestens 53 % Kakaogehalt)

UTENSILIEN

Stieltopf · hitzebeständige Glasschüssel
Schneebesen

1 Die Sahne im Stieltopf erhitzen, bis sie leicht köchelt. Die Schokolade fein hacken und in die Schüssel geben. Die Sahne dazugießen (Step 1) und rühren, bis sich die Schokolade aufgelöst hat (Step 2). Achtung: Nicht zu lange rühren, sonst trennen sich die Zutaten wieder.

2 Die Schokoladenmasse abkühlen lassen, bis sie etwas fester wird. In einem luftdicht verschließbaren Behälter ist die Ganache im Kühlschrank etwa 1 Monat haltbar.

Schichttorten und Überzüge

Mehrstöckige Torten sind nicht nur optisch reizvoll – bei den Teigen und Füllungen kann man auch geschmacklich nach Lust und Laune variieren. Denken Sie daran, dass der untere Kuchen das Gewicht der Tortenetagen tragen muss. Anders als die aufsitzenden Schichten sollte er also aus einem stabilen Teig bestehen. Ich verwende gern meinen saftigen Schokoladenkuchen (Rezept S. 17) für die Basis und für die Etagen meinen Rührkuchen (Rezept S. 15). Für festliche Anlässe ideal sind auch Mini-Kuchen, da man sie in unterschiedlichen Geschmacksrichtungen herstellen und somit seinen Gästen eine Auswahl an verschiedenen Küchlein bieten kann. Wenn Sie Stress vermeiden wollen, sollten Sie Miniatur-Törtchen bereits 3 Tage im Voraus backen und füllen und am nächsten Tag überziehen. Bei mehrstöckigen Torten empfiehlt es sich, sogar schon 5 bis 6 Tage vorher zu beginnen (einen detaillierteren Zeitplan finden Sie im Tipp auf S. 23).

Miniatur-Törtchen füllen und überziehen

FÜR 25 RUNDE TÖRTCHEN

1 quadratischer Kuchen (30 x 30 cm; 3 ¼ Grundrezepte → S. 15)

FÜR DIE FÜLLUNG

3 EL Konfitüre nach Wahl oder
100 g Belgische Ganache (Rezept S. 19)

FÜR DEN ÜBERZUG

500 g Buttercreme (Rezept S. 18, nach Belieben aromatisiert) oder Belgische Ganache (Rezept S. 19)
2 kg Marzipanrohmasse
Puderzucker für die Arbeitsfläche
klarer Alkohol (z. B. Wodka)
2 kg Rollfondant

UTENSILIEN

großes Brotmesser
2 Paletten (1 große zum Aufstreichen der Füllung und 1 kleine zum Auftragen des Überzugs)
Frischhaltefolie
2 flache Kuchenplatten oder Tabletts
Backpapier
Mousse-Ring (5 cm hoch, 5 cm Ø)
25 kleine Tortenunterlagen (weiße Pappe oder Edelstahl, 5 cm Ø)
Ausrollstab
Ausrollschienen (5 mm hoch)
kleines Küchenmesser
2 Fondantglätter
Backpinsel

1 Mit dem Brotmesser die Oberfläche des Kuchens glätten und den Kuchen waagerecht halbieren.

2 Die untere Hälfte gleichmäßig mit der Füllung bestreichen. Die obere Hälfte mit der geglätteten Fläche nach oben daraufsetzen (der Kuchen hat dann eine Höhe von etwa 5 cm).

3 Den gefüllten Kuchen in Frischhaltefolie einschlagen, auf eine Platte setzen und mindestens 1 Stunde kühl stellen, bis sich der Kuchen fest anfühlt.

4 Eine zweite Kuchenplatte mit Backpapier (oder Frischhaltefolie) auslegen.

5 Aus dem Kuchen mit dem Mousse-Ring 25 Törtchen ausstechen und in ausreichendem Abstand auf die zweite Kuchenplatte setzen (eventuell eine weitere Platte verwenden).

6 Die Oberfläche und die Seiten der Miniatur-Torten mit Buttercreme oder Ganache überziehen. Einen Klecks der weichen Überzugmasse als Klebstoff auf die Tortenunterlagen streichen und die Törtchen daraufsetzen. Alle Törtchen in den Kühlschrank stellen, bis sich der Überzug fest anfühlt.

7 Das Marzipan in Portionen teilen. Jede Portion kneten, bis das Marzipan weich und gut formbar ist. Die Arbeitsfläche mit Puderzucker bestäuben und das Marzipan darauf 5 mm dick ausrollen. Kreise mit 16 cm ø ausschneiden. Die Törtchen aus dem Kühlschrank nehmen.

8 Auf die Törtchen mittig einen Marzipankreis legen und vorsichtig seitlich herunterstreichen, sodass das Marzipan am weichen Überzug haftet. Überschüssiges Marzipan abschneiden.

9 Mit den Fondantglättern das Marzipan rundum glätten, bis die Oberfläche und die Seiten gerade und vollkommen glatt sind. Schritte 8 und 9 wiederholen, bis alle Törtchen mit Marzipan überzogen sind.

10 Alle Törtchen mit Fondant überziehen, dabei mit dem Fondant genauso, wie in den Schritten 7 bis 9 beschrieben, verfahren – mit einem Unterschied: Damit Marzipan und Fondant aneinanderhaften, jedes Törtchen dünn mit Alkohol bestreichen, bevor die Fondantplatte mittig aufgelegt wird.

11 Vor dem Dekorieren die Törtchen über Nacht gut trocknen lassen (nicht in den Kühlschrank stellen).

Meine Lieblingskombinationen für Törtchen

Vanillekuchen (getränkt mit Vanillesirup), mit eingemachten Himbeeren gefüllt und mit Vanillebuttercreme überzogen.

Zitronenkuchen (getränkt mit Zitronensirup), mit Lemon Curd gefüllt und mit Zitronenbuttercreme überzogen.

Orangenkuchen (getränkt mit Orangensirup), mit Orangenmarmelade gefüllt und mit Orangenbuttercreme überzogen.

Schokoladenkuchen, mit Bailey's Irish Cream getränkt und mit Belgischer Ganache gefüllt und überzogen.

Die Törtchen überziehe ich – wie beschrieben – mit Marzipan und Rollfondant.

Schichttorten zusammensetzen und überziehen

Für jedes Stockwerk benötigen Sie 2 Böden gleicher Größe, die exakt mit den jeweiligen Unterlagen abschließen sollten. Dieses Rezept vermittelt die Grundtechnik, wobei die Mengen auf die »Gänseblümchen-Kaskaden« (S. 130) abgestimmt sind.

FÜR 1 ZWEISTÖCKIGE QUADRATISCHE TORTE (25 X 25 CM UND 17,5 X 17,5 CM)

2 quadratische Kuchen (25 x 25 cm;
je 1 Grundrezept → S. 15)
2 quadratische Kuchen (17,5 x 17,5 cm;
je 3/4 Grundrezept → S. 15)
750 g Buttercreme (Rezept S. 18,
nach Belieben aromatisiert)
250 ml Zuckersirup (Rezept S. 18,
nach Belieben aromatisiert)
weitere Füllung nach Belieben
(z. B. Orangenmarmelade oder Lemon Curd)
Puderzucker für die Arbeitsfläche
2,5 kg Marzipanrohmasse
klarer Alkohol (z. B. Wodka)
2,5 kg Rollfondant

1

2

UTENSILIEN

großes Brotmesser
2 quadratische Tortenunterlagen
(25 x 25 cm und 17,5 x 17,5 cm)
große Palette
Backpinsel
Teigspachtel aus Metall
Pergament- oder Butterbrotpapier
Ausrollstab
Ausrollschienen (5 mm hoch)
2 Fondantglätter
Papierspritzbeutel (siehe S. 30)

1 Mit dem Brotmesser die Oberfläche aller Kuchen glätten. Jeden Kuchen auf die Tortenunterlage legen und mit dem Messer so zurechtschneiden, dass er exakt so groß wie die Unterlage ist und die Seiten ringsherum genau senkrecht verlaufen.

2 Etwas Buttercreme als Klebstoff auf der Tortenunterlage verstreichen und einen Boden mit der geglätteten Oberseite nach unten daraufsetzen.

3 Die Oberfläche des Bodens mit Zuckersirup tränken und eine dünne Schicht Buttercreme aufstreichen.

4 Den zweiten Kuchen ebenfalls mit Zuckersirup tränken und mit der gewählten Füllung (Marmelade oder Lemon Curd) bestreichen. Den Boden mit der Füllung nach unten auf den ersten Boden legen und die Oberfläche mit Zuckersirup tränken.

5 Die Torte mit Buttercreme überziehen (Step 1) – zuerst die Oberfläche, dann die Seiten. Die Oberfläche mit der Palette, die Seiten mit dem Teigspachtel glätten (Step 2).

Die Schritte 2 bis 5 mit der kleineren Torte (17,5 cm) ebenfalls ausführen. Die Torten etwa 2 Stunden kühl stellen, bis sich der Überzug fest anfühlt.

6 Die Arbeitsfläche mit Pergamentpapier belegen. Die erste Torte daraufstellen und dünn mit Buttercreme überziehen, damit der Marzipanüberzug gut haftet.

7 Auf der mit Puderzucker bestäubten Arbeitsfläche zwei Drittel des Marzipans kneten, bis es weich und gut formbar ist. Die Masse 5 mm dick und so groß ausrollen, dass sie die Torte bedecken kann.

8 Die Marzipanplatte mithilfe des Ausrollstabs auf die Torte legen (Step 3). Das Marzipan mit den Händen sofort vorsichtig glatt streichen, sodass es ringsherum an dem Buttercreme-Überzug haftet, Blasen aufstechen und verstreichen.

9 Überschüssiges Marzipan wegschneiden (Step 4). Mithilfe der Fondantglätter den Marzipanüberzug rundum glätten (Step 5). Die zweite Torte in gleicher Weise mit dem restlichen Marzipan überziehen. Den Überzug 1 bis 2 Tage bei kühler Zimmertemperatur trocknen lassen.

10 Den getrockneten Marzipanüberzug mit Alkohol bestreichen, dann mit Fondant überziehen; dabei so verfahren, wie in den Schritten 7 bis 9 beschrieben. Vor dem Dekorieren die Torte gut trocknen lassen, am besten bei Zimmertemperatur.

MEIN TIPP

Wer den Marzipanüberzug nicht mit Alkohol bestreichen möchte, kann stattdessen abgekochtes Wasser verwenden. Der Alkohol hat jedoch große Vorteile: Er zerstört die Bakterien, die sich eventuell während des Trocknens angesiedelt haben. So bildet er nicht nur einen effizienten, sondern auch hygienischen Klebstoff.

Fangen Sie mit der Herstellung mehrstöckiger Torten 5 bis 6 Tage im Voraus an. Wenn das Fest z. B. am Samstag stattfindet, dann Montag die Kuchen backen, Dienstag Buttercreme oder Ganache auftragen, die Torten am Mittwoch mit Marzipan und am Donnerstag mit Fondant überziehen. So bleibt Ihnen der Freitag für das Anbringen der Dekoration, die Sie – je nach Art – ebenfalls (zumindest teilweise) im Voraus vorbereiten können.

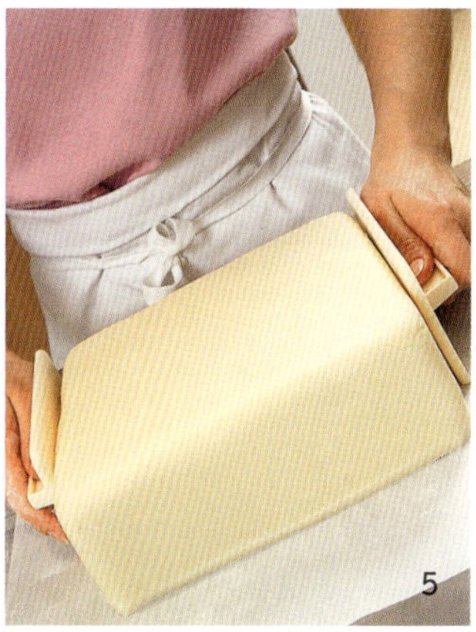

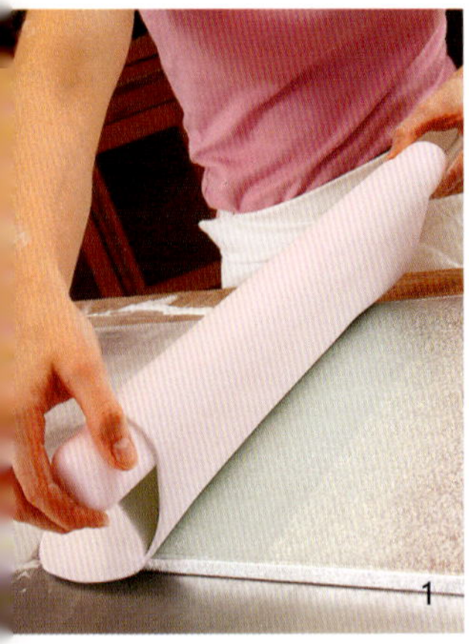

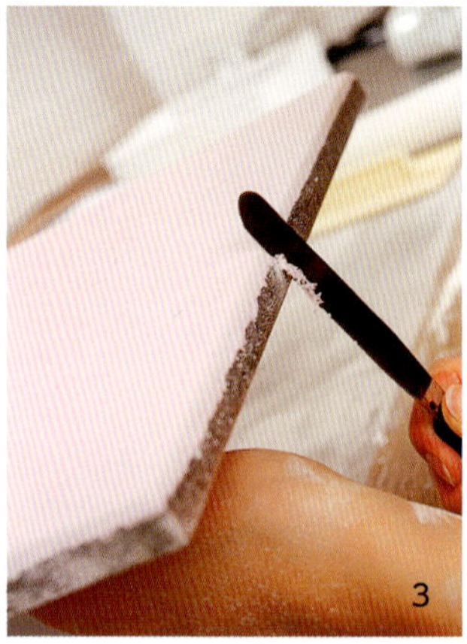

Tortenunterlage mit Fondant überziehen

Tortenunterlagen (auch Tortenscheiben genannt) stabilisieren und tragen die Torte. Da weder gekaufte noch selbst angefertigte Unterlagen attraktiv aussehen, verziere ich sie mit einem Überzug aus farblich passendem Rollfondant. Um sicherzugehen, dass der Überzug bei der endgültigen Fertigstellung der Torte vollkommen getrocknet ist, überziehe ich die Unterlagen mindestens 1 bis 2 Tage vorher.

FÜR 1 ÜBERZUCKERTE TORTENUNTERLAGE

Puderzucker
klarer Alkohol (z. B. Wodka)
Rollfondant (Menge je nach Größe der Unterlage)

UTENSILIEN

Tortenunterlage
weicher Backpinsel
Ausrollstab · Ausrollschienen (3 mm hoch)
Fondantglätter
große Palette
Satinband
Stecknadeln

1 Die Tortenunterlage dünn mit Puderzucker bestäuben und dann mit Alkohol bestreichen – so entsteht der »Klebstoff«, der Fondant und Unterlage verbindet.

2 Den Fondant auf der mit Puderzucker bestäubten Arbeitsfläche 3 mm dünn ausrollen; die Fondantplatte muss etwas größer als die Tortenunterlage sein.

3 Die Fondantplatte mithilfe des Ausrollstabs auf die Unterlage legen (Step 1). Die Fondantoberfläche mit dem Fondantglätter vorsichtig glatt streichen und dabei eventuell vorhandene Blasen beseitigen.

4 Die Unterlage auf die Hand oder eine Drehscheibe legen und den Fondant an den Rändern mit dem Fondantglätter abstreifen (Step 2). Überstehende Fondantreste entfernen (Step 3). Die Unterlage 1 bis 2 Tage trocknen lassen.

5 Ein in der Höhe und farblich passendes Satinband rund um die Unterlage spannen (Step 4) und mit Stecknadeln fixieren.

Mehrstöckige Torten zusammensetzen

FÜR 3 TORTENETAGEN

1 mit Fondant überzogene Tortenunterlage (siehe links; 7,5–10 cm größer als die unterste Torte)
etwas Eiweiß-Spritzglasur (siehe S. 29)
3 Torten in unterschiedlichen Größen (rund oder quadratisch, z. B. mit 25, 17,5 und 10 cm Ø bzw. Seitenlänge; überzogen mit Marzipan und Fondant → Rezept S. 22)

UTENSILIEN

8 Tortendübel aus Plastik (alternativ lange Lutscherstiele)
Stecknadeln
Palette
für Lebensmittel geeigneter Farbstift
Seitenschneider oder scharfes Messer
Wasserwaage
Pinzette
Satinbänder (so breit wie der sichtbare Rand der Tortenunterlagen und etwa jeweils 1 cm länger als der Umfang der Unterlage)

1 In die Mitte der überzogenen Tortenunterlage etwas Eiweiß-Spritzglasur geben und die größte Torte daraufsetzen (Step 1).

2 Je nach Größe der zweiten Tortenschicht die Positionen der Tortendübel markieren. Das geht am besten mit einer selbst gebastelten Schablone (Step 2).

3 Die Dübel vorsichtig an den markierten Stellen senkrecht in die Torte stecken, sodass sie auf der Unterlage aufstoßen (Step 3). Mit dem Farbstift jeden Dübel 1 mm oberhalb der Stelle, an der er aus der Tortenoberfläche austritt, markieren.

4 Die Dübel vorsichtig herausziehen und präzise auf die gleiche Länge zuschneiden (von oben her kürzen und die Markierung zur Orientierung nutzen). Die Dübel wieder in die vorhandenen Löcher stecken und mit einer leeren Tortenunterlage und/oder der Wasserwaage prüfen, ob alle Dübel plan sitzen. Zu korrigierende Dübel vorsichtig mit einer Pinzette herausziehen.

5 Bei der zweiten Torte die Dübel ebenfalls, wie in den Schritten 2 bis 4 beschrieben, anbringen.

6 Zum Aufstapeln in die Mitte der untersten Torte etwas Eiweiß-Spritzglasur geben und die zweite Torte (samt ihrer Unterlage) genau in die Mitte setzen. Mit der dritten Torte genauso verfahren.

7 Satinbänder jeweils um den unteren Rand der Torten spannen und mit 1 Tupfen Eiweiß-Spritzglasur fixieren.

MEIN TIPP

Um Nahtstellen zwischen den Tortenetagen zu verdecken, spritze ich Eiweiß-Spritzglasur in der passenden Farbe am unteren Tortenrand entlang und verstreiche sie, solange die Glasur noch feucht ist.

Wenn Sie eine mehrstöckige Torte transportieren möchten, können Sie die Tortendübel – und bei Bedarf die Satinbänder – bereits zu Hause anbringen. Die Torten selbst sollten Sie einzeln in Boxen transportieren und erst vor Ort zusammensetzen.

Petit Fours mit Fondantglasur überziehen

Fondant lässt sich vielseitig einsetzen, ob als Füllung oder Glasur. Er hält sich lange, lässt sich köstlich aromatisieren und in brillanten Tönen einfärben. Da es schwierig ist, Fondant in der richtigen Konsistenz aus Zucker, Glukosesirup und Wasser zu kochen, verwende ich fertigen Fondant, den es in verschiedenen Farben zu kaufen gibt.

FÜR 25 PETIT FOURS

1 quadratischer Kuchen (20 x 20 cm; 1 Grundrezept → S. 15, getränkt mit Zuckersirup → Rezept S. 18)
300 g Vanillebuttercreme (Rezept S. 18)
2–3 EL Aprikosenkonfitüre
150 g Marzipanrohmasse
Puderzucker für die Arbeitsfläche
1 kg weißer Rollfondant
Glukosesirup (Bonbonsirup)
flüssige Speisefarben nach Wahl
Fruchtsaft oder -extrakt oder Likör zum Aromatisieren

UTENSILIEN

großes Brotmesser · große Palette
Frischhaltefolie
Haarsieb · kleiner Topf
weicher Backpinsel
Ausrollstab · Ausrollschienen (3 mm hoch)
Küchenmesser
kleine Schüsseln
Pralinen-Tunkgabel
Kuchengitter

1 Mit dem Brotmesser die Oberfläche des mit Sirup getränkten Kuchens glätten – der Kuchen sollte 3 bis 4 cm hoch sein. Anschließend den Kuchen waagerecht halbieren. Die untere Hälfte gleichmäßig mit der Buttercreme bestreichen und die obere Hälfte mit der geglätteten Seite nach oben daraufsetzen.

2 Den gefüllten Kuchen in Frischhaltefolie einschlagen und 2 bis 3 Stunden in den Kühlschrank stellen.

3 Die Aprikosenkonfitüre durch das Sieb passieren, erwärmen und dünn auf die Kuchenoberfläche streichen.

4 Das Marzipan auf der mit Puderzucker bestäubten Arbeitsfläche kneten, bis es weich und geschmeidig ist. Die Masse 3 mm dünn und so groß ausrollen, dass sie den Kuchen vollkommen bedeckt.

5 Die Marzipanplatte mithilfe des Ausrollstabs auf den Kuchen legen (Step 1) und überstehendes Marzipan abschneiden. Die Oberfläche dünn mit der restlichen Aprikosenkonfitüre überziehen und den Kuchen in 4 cm große Quadrate schneiden (Step 2).

6 Für die Fondantglasur den Fondant mit etwas Glukosesirup verflüssigen. Am besten geht das in der Mikrowelle: Die Masse in einer Schüssel bei mittlerer Wattleistung etwa 1 Minute erwärmen, herausnehmen, den Sirup einrühren und weitere 20 Sekunden erhitzen. Der Fondant sollte zähflüssig sein, bei Bedarf noch etwas Wasser oder Sirup einrühren. Beim Verflüssigen auf dem Herd – bei sehr schwacher Hitze und unter ständigem Rühren – unbedingt darauf achten, dass der Fondant nicht kocht, sonst verliert er seinen Glanz.

7 Den Fondant je nach Anzahl der gewünschten Farben auf Schüsseln verteilen und die Speisefarben immer nur tropfenweise einrühren, bis der gewünschte Farbton erreicht ist. Die Glasur nach Belieben ebenfalls tropfenweise aromatisieren.

8 Zum Glasieren jeweils 1 Petit Four mit dem Marzipan nach unten in die Fondantglasur legen und zu drei Vierteln eintauchen. Beim Herausnehmen das Petit Four mit der Tunkgabel und den Fingern stützen (Step 3). Nicht mit der Gabel in den Marzipanüberzug stechen, da dieser sich sonst löst. Überschüssige Glasur abtropfen lassen.

9 Die Petit Fours auf dem Kuchengitter trocknen lassen. Luftdicht verpackt, sind die glasierten Petit Fours bei kühler Zimmertemperatur etwa 7 Tage haltbar (nicht in den Kühlschrank stellen).

MEIN TIPP

Setzen Sie die Petit Fours in Alu-Muffinförmchen (Gebäckkapseln), die in unterschiedlichen Größen und Farben angeboten werden. Die Förmchen sind zwar rund, aber wenn man die Petit Fours hineingesetzt hat, kann man sie leicht verformen und dem quadratischen Gebäckstück anpassen.

1

2

3

Muffins mit Fondantglasur überziehen

FÜR 12 MUFFINS

12 Muffins (1 Grundrezept → S. 15, in Aluförmchen gebacken und getränkt mit Zuckersirup → Rezept S. 18)
1–2 EL Aprikosenkonfitüre
1 kg weißer Rollfondant
Glukosesirup (Bonbonsirup)
flüssige Speisefarben nach Wahl
Fruchtsaft oder -extrakt oder Likör zum Aromatisieren

UTENSILIEN

Haarsieb · kleiner Topf
weicher Backpinsel
kleine Schüsseln
kleine Palette oder Rührlöffel

1 Die Aprikosenkonfitüre durch das Sieb passieren, erwärmen und dünn auf die Oberflächen der Muffins streichen.

2 Für die Fondantglasur den Fondant mit etwas Glukosesirup verflüssigen. Am besten geht das in der Mikrowelle: Die Masse in einer Schüssel bei mittlerer Wattleistung etwa 1 Minute erwärmen, herausnehmen, den Sirup einrühren und weitere 20 Sekunden erhitzen. Der Fondant sollte zähflüssig sein, bei Bedarf noch etwas Wasser oder Sirup einrühren. Beim Verflüssigen auf dem Herd – bei sehr schwacher Hitze und unter ständigem Rühren – unbedingt darauf achten, dass der Fondant nicht kocht, sonst verliert er seinen Glanz.

3 Den Fondant je nach Anzahl der gewünschten Farben auf Schüsseln verteilen und die Speisefarben immer nur tropfenweise einrühren, bis der gewünschte Farbton erreicht ist. Die Glasur nach Belieben ebenfalls tropfenweise aromatisieren.

4 Die Muffins nacheinander bis knapp zum Rand des Förmchens in die Fondantglasur tauchen. Überschüssige Glasur abtropfen lassen. Sobald sich die Glasur verfestigt hat, alle Kuchen nochmals in den flüssigen Fondant tauchen – so wird der Überzug glatt und glänzt intensiv.

MEIN TIPP

Falls Fondant übrig bleibt, kann man ihn in Frischhaltefolie verpackt aufbewahren. Vor der nächsten Verwendung sollte man dann etwas heißes Wasser auf die Oberfläche gießen und 15 Minuten stehen lassen. Anschließend das Wasser abgießen und den Fondant, wie in Schritt 2 beschrieben, mit Glukosesirup verflüssigen.

Spritzglasur und Spritztechniken

Eiweiß-Spritzglasuren anzurühren und zu verarbeiten gehört zu den wichtigsten Grundtechniken beim Tortendekorieren. Ich verwende die Glasur bei fast all meinen Kreationen. Für Plätzchen ist sie unentbehrlich – man kann mit ihr aber auch die verschiedensten Blüten und Dekors formen. Da die Glasur aus Eiweiß und Puderzucker besteht, eignet sie sich zudem gut als »Klebstoff«. Dieses Rezept ist für eine relativ große Menge angelegt; so lässt sich die Glasur am einfachsten herstellen.

Eiweiß-Spritzglasur herstellen

FÜR ETWA 1,2 KG GLASUR

25 g Trockeneiweiß oder
4 Eiweiß (leicht verquirlt)
1 kg Puderzucker (gesiebt)
Zitronensaft

UTENSILIEN

Haarsieb
Rührschüssel
Handrührgerät oder Küchenmaschine (mit Rührhaken für leichte Teige)

1 Wenn Sie Trockeneiweiß verwenden, am Vortag das Pulver mit 150 ml Wasser verrühren und durch das Sieb streichen, um Klümpchen zu entfernen. Die Eiweißmasse über Nacht kühl stellen.

2 Puderzucker, drei Viertel der frisch verquirlten Eiweißmasse oder des angerührten Trockeneiweißes und einige Spritzer Zitronensaft in die Rührschüssel geben und auf niedriger Stufe verrühren. Wirkt die Mischung noch trocken und spröde, weiteres Eiweiß unterrühren. Die Masse sollte sämig glatt, aber nicht nass aussehen.

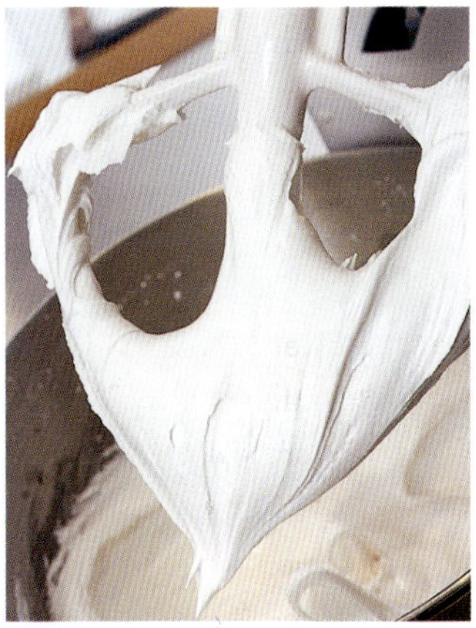

Steife Glasur: Konsistenz für Blüten und Blätter

Weiche Glasur: Konsistenz für Linien, Punkte und Bordüren

Flüssige Glasur: Konsistenz zum Glasieren von Flächen

3 Die Masse 4 bis 5 Minuten weiterrühren, bis sie steife Spitzen bildet.

4 Zum Aufbewahren die Eiweiß-Spritzglasur in einen Kunststoffbehälter füllen und mit Frischhaltefolie luftdicht verschließen – die Glasur ist so bis zu 7 Tage haltbar. Während der Lagerung kann sich das Eiweiß vom Zucker trennen, wodurch die Glasur trocken und fest wird. Dann die Masse nochmals auf niedriger Stufe rühren, bis sich wieder steife Spitzen bilden. Steinharte Glasurstücke nicht mit in die Rührschüssel geben!

Die Konsistenz der Glasur

Ich rühre die Glasur in drei verschiedenen Konsistenzen an (siehe Bilder S. 29 unten), je nachdem, wie ich sie weiterverarbeiten möchte. Um die Basisglasur mit ihren steifen Spitzen (Bild links) zu verdünnen, rühren Sie mit einer kleinen Palette tropfenweise Wasser in die Masse, bis sie die benötigte Konsistenz hat. Decken Sie die Glasur auch für kurze Zeit immer mit Frischhaltefolie ab, weil sie sonst schnell eintrocknet.

Papierspritzbeutel selbst machen

1 Ein 35 x 35 cm großes Stück Pergamentpapier (Butterbrot-/Backpapier) diagonal falten. Entlang der Knickkante durchtrennen (Step 1); dabei entstehen zwei Dreiecke.

2 Mit der linken Hand ein Dreieck in der Mitte der Schnittkante festhalten, mit der rechten Hand die Spitze greifen (Step 2).

3 Nun mit der rechten Hand die rechte Spitze so zur mittleren Spitze hin einrollen, dass sich ein spitzer Kegel bildet (Step 3).

4 Mit der linken Hand den linken Flügel so über den Kegel rollen, dass die Spitze auf der Rückseite des Kegels auf die anderen Spitzen trifft. Den Kegel in sich drehen, sodass eine spitze Tüte entsteht (Step 4). Die Spitzen am oberen Rand nach innen klappen. An jeder Seite der Naht zweimal kurz einreißen und die Lasche nach innen falten (Step 5).
Man sollte den Spritzbeutel immer nur zur Hälfte füllen. Zum Verschließen den Rand des Beutels einfach zusammendrücken und zweimal nach innen falten.

Die wichtigsten Spritztechniken

Bevor es losgeht: Den Spritzbeutel zur Hälfte mit der jeweiligen Glasur füllen und die Spitze des Beutels knapp abschneiden. Den Spritzbeutel in eine Hand nehmen und mit dem Zeigefinger der anderen Hand die Spitze führen. Die Grundtechnik, mit der man die Konturen etwa von Plätzchen zeichnet, ist das Aufspritzen von feinen Linien.

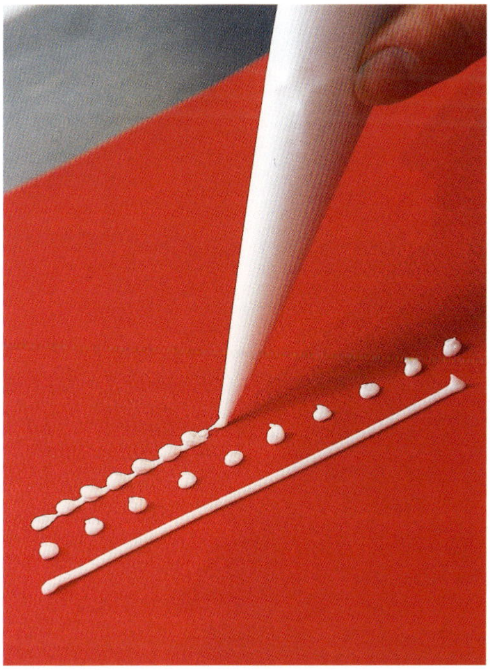

LINIEN AUFSPRITZEN

1 Die Spritzbeutelspitze auf den Startpunkt setzen. Die Glasur mit gleichmäßigem Druck herausdrücken, dabei den Beutel ganz leicht anheben und langsam rückwärts auf den Körper zu oder um ein Plätzchen bzw. einen Kuchen ziehen.

2 Am Endpunkt der Linie die Glasur nicht mehr herausdrücken und die Spitze des Spritzbeutels – nach einem kurzen Antippen des Endpunktes – abheben.

TUPFEN UND PUNKTE AUFSPRITZEN

1 Die Spritzbeutelspitze etwa 1 mm über die Oberfläche halten und mit kurzem Druck einen Tupfen setzen.

2 Je dicker der Tupfen sein soll, desto höher die Spitze halten.

3 Hat der Punkt die gewünschte Größe erreicht, die Glasur nicht mehr herausdrücken und die Spitze behutsam anheben.

4 Bildet der Tropfen eine unerwünschte Spitze, die Oberfläche mit einem feuchten Haarpinsel abrunden.

TUPFENBORDÜRE AUFSPRITZEN

1 Die Spritzbeutelspitze etwa 1 mm über die Oberfläche halten und mit kurzem Druck den ersten Tupfen in der gewünschten Größe setzen.

2 Nicht mehr drücken, die Spritzbeutelspitze absenken und bis dorthin weiterziehen, wo der nächste Tupfen sitzen soll.

3 So weiterverfahren und dabei darauf achten, dass alle Tupfen gleich groß sind und im gleichen Abstand sitzen. Mit ein wenig Übung werden die Bewegungen fließend, und es entsteht eine gleichmäßige Tupfenbordüre.

1

2

3

4

Blüten aus steifer Eiweiß-Spritzglasur herstellen

Sie benötigen steife Eiweiß-Spritzglasur (die Menge variiert nach Anzahl der Blüten) und flüssige Speisefarben nach Wahl.

UTENSILIEN

Butterbrotpapier · Papierspritzbeutel (siehe S. 30)
Spritztüllen aus Metall (Garniertüllen für Blüten; Bezugsquellen siehe S. 142)
Blumennagel

FÜR EINFACHE FÜNFBLÄTTRIGE BLÜTEN (BILD 1)

1 Butterbrotpapier in kleine Quadrate schneiden, die etwas größer als die gewünschten Blüten sind. Die Spitze des Spritzbeutels so abschneiden, dass die gewünschte Garniertülle (z. B. Wilton 104 oder PME 58R) fest sitzt.

2 Den Spritzbeutel mit steifer Glasur in der gewünschten Farbe füllen. Den Blumennagel in eine Hand nehmen. Einen Glasurtupfen auf den Nagelkopf spritzen und ein Papierquadrat daraufsetzen.

3 Den Spritzbeutel in einem Winkel von 45 Grad so auf den Blumennagel setzen, dass das breitere Ende der Tülle die Mitte des Nagels berührt und das engere Ende nach außen weist und leicht angehoben ist.

4 Das erste Blütenblatt aufspritzen und mit dem Nagel eine Fünfteldrehung ausführen, während die Tülle Richtung Nagelrand geführt wird. Beim Zurückführen der Tülle zur Nagelmitte hin weniger Druck ausüben und die Tülle in einer ganz leichten Kurve führen, damit die Blütenblätter eine natürliche Form bekommen. Sobald das breitere Ende der Tülle wieder die Mitte des Blumennagels berührt, den Spritzbeutel nicht mehr drücken und die Tülle abheben.

5 Die weiteren 4 Blütenblätter ebenso herstellen. Das Papier mit der Blüte von dem Blumennagel abheben und die Glasur trocknen lassen. Als Staubgefäße kleine gelbe Punkte in die Blütenmitte spritzen.

FÜR GÄNSEBLÜMCHEN (BILD 2)

1 Die Garniertülle Wilton 104 und steife weiße Glasur verwenden. Spritzbeutel und Nagel, wie links beschrieben, vorbereiten.

2 Die Mitte des Blumennagels mit einem winzigen Glasurtupfen auf dem Papierquadrat markieren. Am Außenrand des Blumennagels beginnen, wobei das engere Ende der Tülle zur Mitte des Nagels weist.

3 Mit dem breiteren Ende der Tülle das Papier leicht berühren. Die Glasur sanft herausdrücken, die Tülle mit nachlassendem Druck zur Mitte des Blumennagels führen. Nicht mehr drücken und die Tülle abheben.

4 Für die weiteren 7 Blütenblätter die Schritte 2 und 3 wiederholen und dabei den Blumennagel entsprechend weiterdrehen. Das Papier mit der Blüte von dem Nagel abheben und die Glasur trocknen lassen. Zuletzt winzige gelbe Punkte als Staubgefäße in die Blütenmitte spritzen.

FÜR STIEFMÜTTERCHEN (BILD 3)

1 Für diese Blüten werden je zwei Spritzbeutel und Garniertüllen gleicher Größe benötigt. Einen Beutel mit steifer gelber, den anderen mit violetter Glasur füllen. Mit der gelben Glasur beginnen. Mit der gleichen Technik wie bei den fünfblättrigen Blüten (siehe S. 32, Schritt 4) zwei Blütenblätter dicht nebeneinandersetzen und auf diese zwei kürzere gelbe Blütenblätter spritzen.

2 Für die große violette Blütenbasis die Tülle unter der rechten Seite des einen großen gelben Blütenblattes ansetzen und die Basis in der ganzen Breite der beiden großen gelben Blütenblätter in einer Vor- und Rückbewegung aufspritzen, sodass kleine Rüschen entstehen.

3 Das Papierquadrat mit der Blüte von dem Blumennagel abheben und die Glasur trocknen lassen. Mit einem schwarzen Speisefarbenstift Linien in das Blütenzentrum zeichnen. Eine feine gelbe Schlinge als Staubblatt in die Blütenmitte spritzen.

FÜR NARZISSEN (BILD 4)

1 Die Garniertülle PME 58R und etwas steife dottergelbe Eiweißglasur verwenden. In der gleichen Technik, wie bei den Gänseblümchen beschrieben, 6 Narzissen-Blütenblätter spritzen.

2 Das Papierquadrat mit der Blüte von dem Blumennagel abheben und die Glasur trocknen lassen.

3 Mit steifer Glasur in einem hellen Orange drei feine Ringe übereinander in das Blütenzentrum spritzen. Die Glasur trocknen lassen.

4 Nachdem die Glasur vollkommen trocken ist, einen feinen Rüschenkreis auf die orangefarbenen Ringe spritzen.

Marzipanrosen modellieren

Ich bin ein großer Fan von Marzipanrosen. Zugegeben: Auch ich musste eine Weile üben, bis meine Rosen perfekt waren. Geben Sie also nicht auf, wenn Ihnen das Modellieren nicht auf Anhieb gelingt. Als Trost sei gesagt: Meist macht schon die Fülle der Rosen die Attraktivität der Torten oder Kuchen aus.

FÜR ETWA 6 GROSSE ODER 12 KLEINE ROSEN

250 g Marzipanrohmasse
Speisefarbe in Pink und Grün (in Pastenform)

UTENSILIEN

2 Bogen Cellophan · kleiner Ausrollstab
Rosenkelch-Ausstecher · Rosenblatt-Ausstecher
Blätter-Prägestempel

1 Mit der pinkfarbenen Speisefarbe 100 g des Marzipans zartrosa und 100 g kräftig pink einfärben. Die restlichen 50 g grün färben.

2 Für die Rosenknospen aus dem zartrosa Marzipan 2 haselnussgroße Bällchen und 1 doppelt so langes Röllchen formen. Bällchen und Röllchen zwischen die Cellophanbogen legen (Step 1). Das Röllchen seitlich flach drücken, um es zu verlängern. Eine Längsseite mit dem Daumen ausstreichen, bis sie sehr dünn ist.

3 Für die weiteren Blütenblätter mit dem Daumen die Bällchen jeweils von der Mitte her bis zu einer Außenkante flach drücken, bis sich ein rundes Blütenblatt mit einer dünnen und einer dicken Seite gebildet hat (Step 2).

4 Für das Zentrum der Rose das erste lange Blütenblatt spiralförmig einrollen, wobei die dünne Seite nach oben zeigt (Step 3). Dann eines der beiden kleinen, runden Blütenblätter mit der dünnen Seite nach oben über die Fuge und rund um das Blütenzentrum legen (Step 4).

5 Das dritte Blütenblatt ein wenig unter das zweite schieben. Rundherum vorsichtig andrücken. Die Ränder der Blütenblätter mit den Fingerspitzen nach außen rollen.

6 Für eine kleine Rose aus dem pinkfarbenen Marzipan 3 weitere Blütenblätter (für eine große Rose 8 weitere Blütenblätter), wie in Schritt 3 beschrieben, formen und so um die Knospe legen, dass sie leicht überlappen (Step 5). Die Ränder der Blütenblätter mit den Fingerspitzen nach außen rollen (Step 6). Zum Schluss am unteren Ende der Rose einen Stielansatz formen und das überschüssige Marzipan abzwicken (Step 7).

7 Für den Kelch und die Blätter etwas grünes Marzipan zwischen den Cellophanbogen ausrollen. Mit dem Rosenkelch-Ausstecher einen Kelch ausstechen. Mit dem Rosenblatt-Ausstecher die Laubblätter ausstechen. Mit dem Prägestempel den grünen Blättern die Blattstruktur geben (Step 8). Den Kelch unten an die Rose kleben. Die Blätter am Fuß der Rose anbringen und so mit den Fingern formen, dass sie natürlich wirken (Step 9).

1
2
3
4
5
6
7
8
9

Plätzchen und Cookies

von Ostereier-Parade bis
Süße Dessous

Buchstabensalat

Diese Plätzchen gelingen garantiert auch Ungeübten, da sie lediglich die einfachste Spritztechnik erfordern. Mit den Buchstabenplätzchen können Sie Namen als Platzkarten auf Ihre Festtafel legen. Oder Sie arrangieren Botschaften wie HAPPY BIRTHDAY, ICH LIEBE DICH oder DANKE und verpacken den Plätzchengruß in einer hübschen Geschenkschachtel.

FÜR 12 PLÄTZCHEN

12 Schokoplätzchen in den gewünschten Buchstabenformen (ca. 8 x 5 cm; ½ Grundrezept → S. 12)
flüssige Speisefarben nach Wahl
etwa 300 g Eiweiß-Spritzglasur (Rezept S. 29)

UTENSILIEN

kleine Schüsseln
kleine Palette
Papierspritzbeutel (siehe S. 30)

1 Für die Buchstabenplätzchen 4 bis 5 Speisefarben auswählen. Die Eiweiß-Spritzglasur auf entsprechend viele Schüsseln verteilen und die Farben mit der Palette gründlich untermischen. Tropfenweise Wasser unterrühren, bis die Glasuren eine weiche Konsistenz haben (siehe S. 29/30).

2 Von jeder Glasur 1 bis 2 EL in einen Spritzbeutel füllen. Die restlichen Glasuren mit Frischhaltefolie zudecken, damit sie nicht eintrocknen.

3 Die Spitzen der Spritzbeutel knapp abschneiden. Die Konturen auf die Buchstabenplätzchen spritzen und leicht antrocknen lassen.

4 Übrig gebliebene Glasuren zurück in die Schüsseln geben. Die Glasuren jeweils mit etwas Wasser zu einer flüssigen Konsistenz verrühren und in Spritzbeutel füllen.
Mit den flüssigen Glasuren jeweils in der Konturfarbe die Buchstabenflächen ausfüllen. Die Plätzchen trocknen lassen.

PEGGY

Ostereier-Parade

Als Kind hat es mir immer viel Spaß gemacht, gemeinsam mit meiner Mutter Ostereier zu färben. Diese Variante des Eierbemalens ist ebenfalls ein Kinderspiel und genau das Richtige für große und kleine Leckermäuler. Beim Dekorieren der süßen Ostereier sind Ihrer Fantasie keine Grenzen gesetzt. In kleinen Körbchen überreicht, sind die Plätzchen ein hübsches kunterbuntes Ostergeschenk.

FÜR 10 PLÄTZCHEN

10 Zitronenplätzchen in Eiform (5 Plätzchen à ca. 7 x 5 cm und 5 Plätzchen à 10 x 8 cm; ½ Grundrezept → S. 12)
flüssige Speisefarben nach Wahl
etwa 450 g Eiweiß-Spritzglasur (Rezept S. 29)

UTENSILIEN

kleine Schüsseln
kleine Palette
Papierspritzbeutel (siehe S. 30)
Frischhaltefolie

1 Für die Ostereiplätzchen 4 bis 5 Speisefarben auswählen. Die Eiweiß-Spritzglasur auf entsprechend viele Schüsseln verteilen und die Farben mit der Palette gründlich untermischen. Tropfenweise Wasser unterrühren, bis die Glasuren eine weiche Konsistenz haben (siehe S. 29/30).

2 Von jeder Glasur 2 bis 3 EL in einen Spritzbeutel füllen. Die restlichen Glasuren mit Frischhaltefolie zudecken, damit sie nicht eintrocknen.

3 Die Spitzen der Spritzbeutel knapp abschneiden. Die Konturen auf die Ostereiplätzchen spritzen und leicht antrocknen lassen. Die Spritzbeutel in Frischhaltefolie wickeln.

4 Die restlichen Glasuren jeweils mit etwas Wasser zu einer flüssigen Konsistenz verrühren und in Spritzbeutel füllen. Mit den flüssigen Glasuren jeweils in der Konturfarbe die Ostereier ausfüllen. Die Plätzchen trocknen lassen. Die Spritzbeutel ebenfalls in Frischhaltefolie wickeln.

5 Sobald die Glasur auf den Plätzchen getrocknet ist, in Kontrastfarben nach Belieben Verzierungen aufspritzen (Spritztechnik siehe S. 31). Für Linien und Wellen die weichen Glasuren, für Punkte die flüssigen Glasuren verwenden. Die Verzierungen vollständig trocknen lassen.

Kussmund zum Anbeißen

Lippen in leuchtendem Rot und Pink, mit einem Hauch von Glitter – wenn das nicht ein verführerisches Geschenk für den Liebsten ist?

FÜR 12 PLÄTZCHEN

12 Ingwerplätzchen in Kussmundform
(ca. 10 x 6 cm; 1 Grundrezept → S. 13)
600 g Eiweiß-Spritzglasur (Rezept S. 29)
flüssige Speisefarbe in Pink und Rot
Kuchenglitter in Pink und Gold

UTENSILIEN

kleine Schüsseln
kleine Palette
Papierspritzbeutel (siehe S. 30)
Frischhaltefolie
weicher Backpinsel

1 2 3

1 Jeweils die Hälfte der Eiweiß-Spritzglasur in eine Schüssel geben. Eine Hälfte rot, die andere intensiv pink färben. Tropfenweise Wasser unterrühren, bis die Glasuren eine weiche Konsistenz haben (siehe S. 29/30). Jeweils einige EL Glasur in einen Spritzbeutel füllen. Die restlichen Glasuren mit Frischhaltefolie zudecken, damit sie nicht eintrocknen.

2 Die Spitzen der Spritzbeutel knapp abschneiden und die Konturen der Lippen auf die Plätzchen spritzen (Step 1) – jeweils zur Hälfte in Rot und in Pink. Die Spritzbeutel in Frischhaltefolie wickeln.

3 Die restlichen Glasuren jeweils mit etwas Wasser zu einer flüssigen Konsistenz verrühren und in Spritzbeutel füllen. Mit den flüssigen Glasuren jeweils in der Konturfarbe die Lippenflächen ausfüllen (Step 2). Solange die Glasur noch feucht ist, auf einen Teil der Plätzchen Kuchenglitter in Pink bzw. Gold streuen und trocknen lassen.

4 Den losen, überschüssigen Glitter vorsichtig mit dem Backpinsel entfernen. Mit den weichen Glasuren aus den beiseitegelegten Spritzbeuteln jeweils in der Kontrastfarbe die Lippenkonturen inklusive Mittellinie nachzeichnen (Step 3) und trocknen lassen.

Bunte Unterwasserwelt

Da ich das Meer liebe, war ich hellauf begeistert, als ich diese zauberhaften Meerestiermotive als Ausstecher-Set entdeckte. Ich konnte es kaum erwarten, ihnen ein buntes Design zu verleihen. Bei diesen großen Versionen habe ich mich bei der Farbwahl etwas zurückgehalten. Wenn Sie den Hummer beschriften, eignet er sich als ausgefallene Platzkarte für eine Seafood-Dinnerparty.

FÜR 6 PLÄTZCHEN

6 Ingwerplätzchen in verschiedenen Formen, z. B. Hummer, tropischer Fisch, Seestern, Seepferdchen, Muschel und Tintenfisch (ca. 13 x 10 cm; ½ Grundrezept → S. 13)
450 g Eiweiß-Spritzglasur (Rezept S. 29)
flüssige Speisefarbe in Rot, Braun, Orange, Moosgrün, Gelb, Blau, Violett und Altrosa

UTENSILIEN

kleine Schüsseln
kleine Palette
Papierspritzbeutel (siehe S. 30)
Frischhaltefolie

Färben Sie zuerst für alle Plätzchenformen die einzelnen Glasuren ein: Dafür die Eiweiß-Spritzglasur auf entsprechend viele Schüsseln verteilen, einfärben und tropfenweise Wasser untermischen, bis die Glasuren eine weiche Konsistenz haben. Jeweils ein Drittel der weichen Glasuren in Spritzbeutel füllen. Den Rest mit etwas Wasser zu einer flüssigen Konsistenz verrühren und ebenfalls in Spritzbeutel füllen. Bitte denken Sie daran, nicht benötigte Glasuren – egal, ob in Schüsseln oder Spritzbeuteln – immer mit Frischhaltefolie zuzudecken bzw. in Folie einzuwickeln – sie trocknen sonst schnell ein.

Schneiden Sie die Spitze der Spritzbeutel jeweils vor Gebrauch knapp ab und spritzen Sie zunächst auf alle Plätzchen die Konturen. Sobald Sie beim letzten Plätzchen angelangt sind, sind die Konturen der ersten Gebäckstücke bereits angetrocknet, sodass Sie die Flächen gleich im Anschluss in der gleichen Reihenfolge mit den flüssigen Glasuren ausfüllen können. Beginnen Sie anschließend wiederum beim ersten Plätzchen mit den Verzierungen.

Auf diese Weise lässt sich viel Zeit sparen, da Sie nicht warten müssen, bis jeweils alle Glasuren trocken sind. Detaillierte Anleitungen für die einzelnen Meerestierformen finden Sie auf den nachfolgenden Seiten. Die angegebene Menge der Eiweiß-Spritzglasur reicht für 6 bis 8 verschiedene Farben.

FÜR DEN HUMMER

1 Die Glasuren einfärben: Für das Rot die Glasur mit roter und ein wenig brauner Speisefarbe zu einer weichen Glasur vermischen. Mit orangefarbener Speisefarbe eine weiche und eine flüssige Glasur anrühren (siehe S. 29/30).

2 Mit der weichen orangefarbenen Glasur die Konturen des Hummers aufspritzen und antrocknen lassen.

3 Mit der flüssigen orangefarbenen Glasur den ganzen Hummer ausfüllen und die Glasur trocknen lassen.

4 Mit der weichen roten Glasur die Hummerkonturen nachzeichnen und den Hummerkörper mit aufgespritzten Linien in Segmente einteilen. Für die Augen zwei Punkte setzen und den Schwanz mit zwei kurzen Linien gliedern. Die Glasur vollständig trocknen lassen.

FÜR DEN TROPISCHEN FISCH

1 Die Glasuren einfärben: Für das Grün die Glasur mit moosgrüner und ein wenig gelber Speisefarbe zu einer weichen und einer flüssigen Glasur vermischen. Mit der gelben Speisefarbe eine flüssige Glasur anrühren.

2 Mit der weichen grünen Glasur die Konturen und die Linien zur Begrenzung der Kopfpartie und der drei Streifen aufspritzen. Antrocknen lassen.

3 Mit der flüssigen grünen Glasur den Kopf, den mittleren Streifen und die Schwanzflosse ausfüllen.

4 Mit der flüssigen gelben Glasur die restlichen Streifen ausfüllen und die Glasuren trocknen lassen.

5 Mit der weichen grünen Glasur die Fischkonturen nachzeichnen und die Schwanzflosse gliedern. Einen gelben Tupfen als Auge setzen und die Glasur vollständig trocknen lassen.

FÜR DEN SEESTERN

1 Die Glasuren einfärben: Für das Gelb die Glasur mit gelber und ein wenig brauner Speisefarbe zu einer weichen und einer flüssigen Glasur vermischen. Für das Orange die Spritzglasur mit orangefarbener und ein wenig brauner Speisefarbe zu einer weichen Glasur anrühren.

2 Mit der weichen gelben Glasur die Konturen des Seesterns aufspritzen und antrocknen lassen.

3 Mit der flüssigen gelben Glasur den ganzen Seestern ausfüllen. Trocknen lassen.

4 Mit der weichen orangefarbenen Glasur die Seesternkonturen nachziehen und vom Zentrum ausgehend strahlenförmig Punkte auf den Stern setzen, dabei die Punkte nach außen hin kleiner werden lassen. Die Glasur vollständig trocknen lassen.

FÜR DAS SEEPFERDCHEN

1 Die Glasuren einfärben: Für das Blau die Glasur mit blauer und ein wenig violetter Speisefarbe zu einer weichen und einer flüssigen Glasur vermischen. Für das Grün die Glasur mit moosgrüner und ein wenig gelber Speisefarbe zu einer weichen Glasur anrühren.

2 Mit der weichen blauen Glasur die Konturen des Seepferdchens aufspritzen und antrocknen lassen.

3 Mit der flüssigen blauen Glasur das ganze Seepferdchen ausfüllen und die Glasur trocknen lassen.

4 Mit der weichen grünen Glasur die Seepferdchenkonturen nachziehen, den Körper netzartig mit Linien überziehen und das Gesicht ausarbeiten. Die Glasur vollständig trocknen lassen.

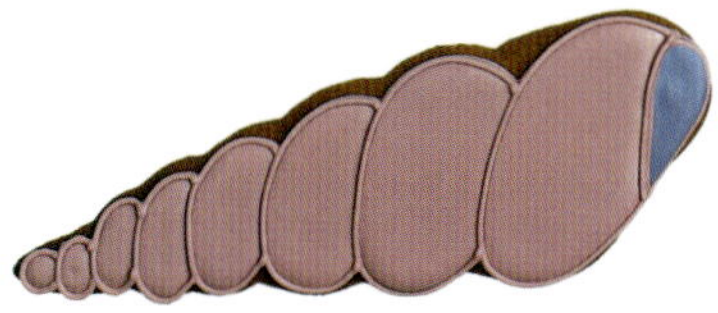

FÜR DIE MUSCHEL

1 Die Glasuren einfärben: Mit altrosa Speisefarbe eine weiche und eine flüssige Glasur anrühren. Für das Blauviolett die Glasur mit violetter und ein wenig altrosa Speisefarbe zu einer flüssigen Glasur mischen.

2 Mit der weichen altrosa Glasur die Konturen der Muschel aufspritzen und mit Linien die Windungen des Muschelgehäuses zeichnen sowie dessen Öffnung umranden. Antrocknen lassen.

3 Mit der flüssigen altrosa Glasur die Segmente des Gehäuses ausfüllen.

4 Mit der flüssigen blauvioletten Glasur die umrandete Gehäuseöffnung ausfüllen und die Glasuren trocknen lassen.

5 Mit der weichen altrosa Glasur die Konturen und die Segmentlinien nachziehen. Die Glasur vollständig trocknen lassen.

FÜR DEN TINTENFISCH

1 Die Glasuren einfärben: Mit violetter Speisefarbe eine weiche und eine flüssige Glasur anrühren. Für das Pink die Glasur mit altrosa und ein wenig violetter Speisefarbe zu einer weichen Glasur mischen.

2 Mit der weichen violetten Glasur die Konturen des Tintenfischs aufspritzen und antrocknen lassen.

3 Mit der flüssigen violetten Glasur den ganzen Tintenfisch ausfüllen und die Glasur trocknen lassen.

4 Mit der weichen pinkfarbenen Glasur die Konturen nachziehen, zwei Augenpunkte sowie kleine Punkte auf die Tentakel setzen. Die Glasur vollständig trocknen lassen.

Geburtstagsüberraschung

Plätzchen zu dekorieren gehört zu meinen Lieblingsbeschäftigungen, zumal es leichter ist, als man glaubt. Allein schon durch raffinierte Farbkombinationen kann man eindrucksvolle Effekte erzielen. Diese bunten Geschenkboxen sind dafür ein Paradebeispiel. Sie können die Plätzchen Ihren Gästen als süße Leckerei reichen. Stilvoll verpackt, eignen sie sich aber auch ausgezeichnet als Mitbringsel für eine Geburtstagsparty.

FÜR 6 PLÄTZCHEN

6 Orangenplätzchen in Geschenkkartonform (ca. 13 x 10 cm; 1 Grundrezept → S. 12)
flüssige Speisefarben nach Wahl
etwa 600 g Eiweiß-Spritzglasur (Rezept S. 29)

UTENSILIEN

kleine Schüsseln
kleine Palette
Papierspritzbeutel (siehe S. 30)
Frischhaltefolie

1 Für die Geschenkboxen 5 bis 6 Speisefarben auswählen. Die Eiweiß-Spritzglasur auf entsprechend viele Schüsseln verteilen und die Farben mit der Palette gründlich untermischen. Tropfenweise Wasser unterrühren, bis die Glasuren eine weiche Konsistenz haben (siehe S. 29/30).

2 Von jeder Glasur 1 bis 2 EL in einen Spritzbeutel füllen. Die restlichen Glasuren mit Frischhaltefolie zudecken, damit sie nicht eintrocknen.

3 Die Spitzen der Spritzbeutel knapp abschneiden. Die Konturen auf die Geschenkboxen (inklusive des Deckels) spritzen und leicht antrocknen lassen. Die Spritzbeutel in Frischhaltefolie wickeln.

4 Die restlichen Glasuren jeweils mit etwas Wasser zu einer flüssigen Konsistenz verrühren und in Spritzbeutel füllen. Mit den flüssigen Glasuren jeweils in der Konturfarbe die Flächen der Geschenkboxen ausfüllen und trocknen lassen. Die Spritzbeutel ebenfalls in Frischhaltefolie wickeln.

5 Jeweils in einer Kontrastfarbe mit weicher Glasur die Konturen der Bänder und Schleifen aufspritzen und mit flüssiger Glasur in der entsprechenden Farbe die Flächen ausfüllen. Die Spritzbeutel wieder in Frischhaltefolie wickeln und beiseitelegen.

6 Wenn die Plätzchen getrocknet sind, alle Konturen und Linien nochmals mit der jeweiligen weichen Glasur nachzeichnen, um einen dreidimensionalen Effekt zu erzielen. Die Glasuren vollständig trocknen lassen.

Pink Butterfly

Bei diesem Foto lautet die Aufgabe: Finde die Schmetterlinge! Dies ist nur ein Beispiel, wie ein reizvoll bedruckter Stoff dazu inspirieren kann, so etwas Zauberhaftes wie diese grazilen Schmetterlinge zu kreieren. Backen Sie sie als Gag für Ihre Gartenparty oder für ein Picknick.

FÜR 10 PLÄTZCHEN

10 Vanilleplätzchen in Schmetterlingsform (ca. 10 x 10 cm; 1 Grundrezept → S. 12)
etwa 600 g Eiweiß-Spritzglasur (Rezept S. 29)
flüssige Speisefarbe in Pink

UTENSILIEN

kleine Schüsseln
kleine Palette
Papierspritzbeutel (siehe S. 30)
Frischhaltefolie

1 Die Eiweiß-Spritzglasur in einer Schüssel mit etwas Wasser zu einer weichen Konsistenz verrühren (siehe S. 29/30) und 4 EL in einen Spritzbeutel geben.

2 Die restliche Glasur in der Schüssel rosa färben, 2 EL Glasur in eine weitere Schüssel umfüllen und intensiv pink färben. Tropfenweise Wasser unterrühren, bis sich die Glasur leicht verflüssigt, und die Glasur in einen Spritzbeutel füllen. Die rosafarbene Glasur mit etwas Wasser zu einer flüssigen Konsistenz verrühren und ebenfalls in einen Spritzbeutel füllen. Die Spritzbeutel bis zur Verwendung in Frischhaltefolie wickeln und die Spitzen erst unmittelbar vor der Verwendung knapp abschneiden.

3 Die Konturen der Flügel und des Körpers mit der weichen weißen Eiweiß-Spritzglasur nachzeichnen, dabei den Kopf leicht absetzen und die Glasur antrocknen lassen. Den Spritzbeutel wieder in Frischhaltefolie wickeln. Mit der flüssigen rosafarbenen Glasur die Flügelflächen ausfüllen und trocknen lassen.

4 Von der Spitze des Spritzbeutels mit der weißen Glasur noch ein Stückchen abschneiden, damit die Glasur in einem etwas dickeren Strahl austreten kann. Dann den Schmetterlingskörper ausfüllen, dabei mit dem Kopf beginnen und den Spritzbeutel in Richtung des eigenen Körpers ziehen. Die Glasur trocknen lassen.

5 Zuletzt mit der pinkfarbenen Glasur Pünktchen auf die Flügel setzen (Spritztechnik siehe S. 31) und trocknen lassen.

Plätzchen-Catwalk

Die neueste Mode von den Catwalks in Paris oder Mailand – inszenieren Sie Ihre eigene Modeschau, um die aktuellsten Trends der Saison zu präsentieren. Sie brauchen dazu nur Teig, Ausstechformen, Spritzbeutel und eingefärbte Eiweiß-Spritzglasur in den angesagten Farbtönen.

FÜR 8 PLÄTZCHEN

8 Schokoplätzchen in Handtaschen-, Mützen-, Schuh- und Kleiderform (ca. 15 x 10 cm und 13 x 8 cm; 1 Grundrezept → S. 12)
600 g Eiweiß-Spritzglasur (Rezept S. 29)
flüssige Speisefarben (z. B. in Braun und Pink)

UTENSILIEN

kleine Schüsseln
kleine Palette
Papierspritzbeutel (siehe S. 30)
Frischhaltefolie

Die Eiweiß-Spritzglasur mit etwas Wasser zu einer weichen Konsistenz verrühren (siehe S. 29/30). Die Glasur auf zwei Schüsseln verteilen, die eine Hälfte braun, die andere rosa färben. Jeweils 3 bis 4 EL Glasur in einen Spritzbeutel füllen. Die restlichen Glasuren mit etwas Wasser zu einer flüssigen Konsistenz verrühren und auf je drei Spritzbeutel verteilen. Die Spritzbeutel bis zur Verwendung in Frischhaltefolie wickeln und erst kurz vor Gebrauch die Spitzen knapp abschneiden.

FÜR DIE HANDTASCHEN

Mit der weichen braunen oder rosafarbenen Glasur die Konturen der Handtaschen aufspritzen und leicht antrocknen lassen. Mit flüssiger Glasur der gleichen Farbe die Handtaschenflächen ausfüllen und trocknen lassen. Mit weicher Glasur in der Kontrastfarbe die Konturen der Taschen nachziehen und die Details (Taschenklappe, -verschluss und -henkel) ausarbeiten. Vollständig trocknen lassen.

FÜR DIE SCHUHE

Mit der weichen braunen oder rosafarbenen Glasur die Konturen der Schuhe aufspritzen. Mit flüssiger Glasur – jeweils in der Konturfarbe – die Schuhflächen ausfüllen. Punkte in der flüssigen Glasur der Konstrastfarbe in die noch feuchte Glasur hineintropfen lassen. Nach Belieben die Schuhe auch in verschiedenfarbige Segmente teilen. Trocknen lassen und mit weicher Glasur der Hauptschuhfarbe die Konturen nachziehen und eventuell Details (z. B. Schuhabsätze und -spitzen) ausarbeiten. Vollständig trocknen lassen.

FÜR DIE KLEIDER UND MÜTZEN

Die Kleider und Mützen – wie oben beschrieben – konturieren und antrocknen lassen, ausfüllen, trocknen lassen und nach Belieben verzieren (siehe rechts und S. 62).

Tea for Two

Als Teegebäck gereicht, versüßen Tassen und Kannen im Retro-Look garantiert jeden gemütlichen Nachmittagsplausch.

FÜR 8 PLÄTZCHEN

8 Orangenplätzchen, je 4 in Kannen- und Tassenform (ca. 10 x 7,5 cm und 8,5 x 7,5 cm; ½ Grundrezept → S. 12)
600 g Eiweiß-Spritzglasur (Rezept S. 29)
flüssige Speisefarbe in Pink, Blau und Grün

UTENSILIEN

kleine Schüsseln
kleine Palette
Papierspritzbeutel (siehe S. 30)
Frischhaltefolie

1 Die Eiweiß-Spritzglasur auf drei Schüsseln verteilen. Eine Glasurportion hellrosa, die zweite hellblau färben, die dritte bleibt weiß. Tropfenweise Wasser unterrühren, bis die Glasuren eine weiche Konsistenz haben (siehe S. 29/30). Von jeder Glasur 2 EL in einen Spritzbeutel füllen. Die restlichen Glasuren mit Frischhaltefolie zudecken, damit sie nicht eintrocknen.

2 Die Spitzen der Spritzbeutel knapp abschneiden. Jeweils in einer Farbe die Konturen von einer Kanne und einer Tasse aufspritzen und leicht antrocknen lassen. Die Spritzbeutel in Frischhaltefolie wickeln und bis zur Wiederverwendung beiseitelegen.

3 Die restlichen Glasuren jeweils mit etwas Wasser zu einer flüssigen Konsistenz verrühren und in Spritzbeutel füllen. Die Flächen der Kannen und Tassen jeweils in der Konturfarbe ausfüllen und die Glasuren trocknen lassen.

4 Die weiche rosafarbene Glasur aus dem Spritzbeutel in eine Schüssel geben, intensiv pink färben und wieder in einen Spritzbeutel füllen. Mit den weichen Glasuren die Konturen der Plätzchen in Kontrastfarben nochmals nachzeichnen und zuletzt Details, wie Herzchen, Röschen oder Streifen als Deckel- und Henkelverzierungen, zeichnen (Spritztechnik siehe S. 31). Mit der flüssigen Glasur große Punkte aufspritzen. Für die Blättchen etwas weiße Glasur in eine Schüssel geben, mit 1 Tropfen grüner Speisefarbe mischen und in einen Spritzbeutel geben. Für die Blattform dessen Spitze v-förmig einschneiden und die Blättchen aufspritzen. Die Glasuren über Nacht trocknen lassen.

Süße Dessous

Ob Party oder Junggesellenabschied, diese sexy Tüpfel-Dessous sind für viele Anlässe ein witziges Mitbringsel. Oder backen Sie die reizvollen Plätzchen für Ihren Ehemann – als vielsagende süße Verführung.

FÜR 8 PLÄTZCHEN

8 Ingwerplätzchen, je 4 einteilige Plätzchen in Bodyform (ca. 10 x 6 cm) und zweiteilige Plätzchen in BH- und Tangaform (Gesamtgröße ca. 7,5 x 6 cm; ½ Grundrezept → S. 13)
450 g Eiweiß-Spritzglasur (Rezept S. 29)
flüssige Speisefarbe in Pink und Rot

UTENSILIEN

kleine Schüsseln
kleine Palette
Papierspritzbeutel (siehe S. 30)
Frischhaltefolie

1 Die Eiweiß-Spritzglasur auf drei Schüsseln verteilen. Eine Glasurportion intensiv pink, die zweite rot färben, die dritte bleibt weiß. Tropfenweise Wasser unterrühren, bis die Glasuren eine weiche Konsistenz haben (siehe S. 29/30). Von jeder Glasur 1 bis 2 EL in einen Spritzbeutel füllen. Die restlichen Glasuren mit Frischhaltefolie zudecken, damit sie nicht eintrocknen.

2 Die Spitzen der Spritzbeutel knapp abschneiden. Mit den drei unterschiedlichen Glasuren alle Dessous-Konturen auf die Plätzchen spritzen. Die Spritzbeutel in Frischhaltefolie wickeln und bis zur Wiederverwendung beiseitelegen.

3 Die restlichen Glasuren jeweils mit etwas Wasser zu einer flüssigen Konsistenz verrühren und in Spritzbeutel füllen. Jeweils in der Konturfarbe die Flächen – nicht die Träger – ausfüllen (Step 1). Damit sich die Farben zu einer glatten Oberfläche verbinden, in die noch feuchte Glasur in einer Kontrastfarbe Tupfen setzen (Step 2) und trocknen lassen.

4 Mit den beiseitegelegten weichen Glasuren Details wie Schleifen, Zackenlinien als Spitzen usw. gestalten (Step 3). Die Plätzchen am besten über Nacht trocknen lassen.

Anna

Platzieren mit Herz

Mit wenigen Handgriffen können Sie schlichte herzförmige Plätzchen in zauberhafte Platzkarten verwandeln. So ein süßes Herz nimmt jeder Gast gern als persönliches Andenken mit nach Hause. Wem es zu knifflig ist, ein Loch in jedes Plätzchen zu stanzen, um ein Band hindurchzuziehen, verpackt die Herzen einfach in Folie. Als Platzkarte eignet sich jede Plätzchenform, die eine ausreichend große Fläche zum Beschriften bietet.

FÜR 12 PLÄTZCHEN

12 Vanilleplätzchen in Herzform
(ca. 6 cm breit; ½ Grundrezept → S. 12)
300 g Eiweiß-Spritzglasur (Rezept S. 29)
flüssige Speisefarbe in Braun und Pink

UTENSILIEN

runder Mini-Ausstecher
kleine Schüsseln
kleine Palette
Papierspritzbeutel (siehe S. 30)
Frischhaltefolie
1,25 m Schleifenband in Pink (15 mm breit)

1 Sobald die Plätzchen aus dem Backofen kommen, jeweils links oben ein kleines Loch ausstechen. Die Plätzchen vollkommen abkühlen lassen.

2 Etwa 250 g Eiweiß-Spritzglasur in eine Schüssel geben und intensiv braun färben, den Rest in einer Schüssel pink färben. Jeweils tropfenweise Wasser unterrühren, bis die Glasuren eine weiche Konsistenz haben (siehe S. 29/30). Von der braunen Glasur 3 bis 4 EL in einen Spritzbeutel füllen. Die restlichen Glasuren mit Frischhaltefolie zudecken, damit sie nicht eintrocknen.

3 Die Spitze des Spritzbeutels knapp abschneiden. Die Konturen der Herzen auf die Plätzchen spritzen und leicht antrocknen lassen. Die restliche braune Glasur aus dem Spritzbeutel wieder in die Schüssel geben und alles mit etwas Wasser zu einer flüssigen Konsistenz verrühren. Die flüssige Glasur in einen Spritzbeutel füllen und die Spitze knapp abschneiden. Die Flächen der Herzen gleichmäßig ausfüllen und trocknen lassen.

4 Die pinkfarbene Glasur in einen Spritzbeutel füllen und die Spitze knapp abschneiden. Die Konturen der Herzen mit einer gezackten Linie nachzeichnen und jeweils den Namen des Gastes aufspritzen. Die Plätzchen über Nacht trocknen lassen.

5 Das Schleifenband in passende Stücke schneiden und jeweils vorsichtig durch das gestanzte Loch ziehen. Die Herzchen an Champagnergläser oder Servietten binden.

Mini-Hochzeitskuchen

Diese Plätzchen sind schnell gemacht. Und wenn Sie Ihren eigenen Hochzeitskuchen als Vorlage nehmen, haben Sie ein individuelles Geschenk, das Sie Ihren Gästen zur Erinnerung mitgeben können. Auch Freunde, die nicht kommen konnten, freuen sich über solch einen süßen Gruß des Brautpaars.

FÜR 8 PLÄTZCHEN

8 Plätzchen in Hochzeitskuchenform
(ca. 10 x 12,5 cm; 1 Grundrezept → S. 12)
600 g Eiweiß-Spritzglasur (Rezept S. 29)
flüssige Speisefarbe in Hellblau

UTENSILIEN

kleine Schüsseln
kleine Palette
Papierspritzbeutel (siehe S. 30)
Frischhaltefolie

1 Etwa 450 g Glasur in eine Schüssel geben und tropfenweise Wasser unterrühren, bis die Glasur eine weiche Konsistenz hat (siehe S. 29/30). Den Spritzbeutel zur Hälfte mit Glasur füllen, die restliche Glasur mit Frischhaltefolie zudecken, damit sie nicht eintrocknet.

2 Die Spitze des Spritzbeutels knapp abschneiden und die Konturen des Hochzeitskuchens auf die Plätzchen spritzen. Den Spritzbeutel in Frischhaltefolie wickeln und bis zur Wiederverwendung beiseitelegen.

3 Die restliche Glasur in der Schüssel mit etwas Wasser zu einer flüssigen Konsistenz verrühren und in einen Spritzbeutel füllen. Die Flächen der Hochzeitskuchen gleichmäßig ausfüllen und die Glasur trocknen lassen.

4 Die noch nicht verwendete Glasur (150 g) in eine Schüssel geben und hellblau färben. Tropfenweise Wasser unterrühren, bis die Glasur eine weiche Konsistenz hat. Ein Drittel der Glasur in einen Spritzbeutel füllen. Die restliche Glasur mit etwas Wasser zu einer flüssigen Konsistenz verrühren und ebenfalls in einen Spritzbeutel füllen. Die Spitzen der Spritzbeutel knapp abschneiden.

5 Mit der weichen hellblauen Glasur die Konturen der Bänder und Schleifen aufspritzen und leicht antrocknen lassen. Den Spritzbeutel bis zur Wiederverwendung in Frischhaltefolie wickeln. Dann mit der flüssigen hellblauen Glasur die konturierten Flächen gleichmäßig ausfüllen und trocknen lassen.

6 Mit der weichen hellblauen Glasur die Konturen der Schleifen und Bänder nochmals nachzeichnen. Mit der weichen weißen Glasur die einzelnen Stockwerke der Kuchen umranden und kleine Perlen an die Unterseiten spritzen (Spritztechnik siehe S. 31).

Brautpaar zum Anknabbern

Ideal als Glücksbringer für die Hochzeitsgäste – und ganz persönlich, wenn die Formen der realen Hochzeitskleidung entsprechen.

FÜR 6 PLÄTZCHEN

6 Plätzchen, je 3 in Brautkleid- und in Smokingform (ca. 12,5 x 10 cm und 11 x 7,5 cm; 1 Grundrezept → S. 12)
600 g Eiweiß-Spritzglasur (Rezept S. 29)
flüssige Speisefarbe in Schwarz

UTENSILIEN

kleine Schüsseln
kleine Palette
Papierspritzbeutel (siehe S. 30)
Frischhaltefolie

1 Etwa 250 g Glasur in eine Schüssel geben und intensiv schwarz färben. Tropfenweise Wasser unterrühren, bis die Glasur eine weiche Konsistenz hat (siehe S. 29/30). Einige EL Glasur in einen Spritzbeutel füllen. Die restliche Glasur mit Frischhaltefolie zudecken.

2 Die Spitze des Spritzbeutels knapp abschneiden und die schwarzen Smokingkonturen auf die entsprechenden Plätzchen spritzen (Step 1). Leicht antrocknen lassen. Den Spritzbeutel bis zur Wiederverwendung in Frischhaltefolie wickeln.

3 Die restliche – noch weiße – Glasur in eine Schüssel geben. Tropfenweise Wasser unterrühren, bis die Glasur eine weiche Konsistenz hat. Einige EL Glasur in einen Spritzbeutel füllen, die Spitze knapp abschneiden und die weißen Konturen von Hemd und Manschetten (Step 1) sowie die des Brautkleids aufspritzen. Den Spritzbeutel ebenfalls in Frischhaltefolie wickeln, damit die Glasur nicht eintrocknet.

4 Die Glasuren in den Schüsseln jeweils mit etwas Wasser verflüssigen und in Spritzbeutel füllen. Die Flächen zwischen den Konturen in den passenden Farben ausfüllen (Step 2 und 3) und trocknen lassen. Zuletzt mit den weichen Glasuren die Konturen nachzeichnen und Details, wie Taschen, Knopfleiste und Bordüre, setzen (Step 4 und links).

Babyausstattung

Wenn Ihre Freundin die Geburt ihres Nachwuchses feiert, können Sie sie mit diesen Plätzchen überraschen. Packen Sie die Babyausstattung in eine mit Seidenpapier ausgekleidete Schachtel, die Sie mit einer passenden Satinschleife versehen. Sie können auch den Namen des Babys auf eines der Plätzchen spritzen. Ganz traditionell habe ich für einen Jungen Hellblau gewählt; die Ausstattung für ein Mädchen würde entsprechend rosa sein.

FÜR 8 PLÄTZCHEN

8 Vanilleplätzchen in verschiedenen Formen, z. B. Würfel, Lätzchen, Kinderwagen, Flasche, Schlafanzug, Babyschuhe, Rassel (ca. 12 x 6 cm und 13 x 10 cm; 1 Grundrezept → S. 12)
600 g Eiweiß-Spritzglasur (Rezept S. 29)
flüssige Speisefarbe in Hellblau (oder Pink) und Gelb

UTENSILIEN

kleine Schüsseln
kleine Palette
Papierspritzbeutel (siehe S. 30)
Frischhaltefolie

Die Eiweiß-Spritzglasur in drei verschieden großen Portionen (250 g, 50 g und 300 g) auf Schüsseln verteilen. Die erste Portion (250 g) hellblau, die zweite (50 g) gelb färben, der Rest bleibt weiß. Jeweils tropfenweise Wasser unterrühren, bis die Glasuren eine weiche Konsistenz haben (siehe S. 29/30). Jeweils ein Drittel der Glasuren in einen Spritzbeutel füllen. Die restlichen Glasuren mit etwas Wasser zu einer flüssigen Konsistenz verrühren und ebenfalls in Spritzbeutel füllen. Spritzbeutel, die gerade nicht benötigt werden, in Frischhaltefolie wickeln, damit die Glasuren nicht eintrocknen.

FÜR DIE BABYFLASCHE

Mit der weichen weißen Glasur die Konturen der Flasche aufspritzen. Mit der weichen blauen Glasur den Flaschenverschluss und mit der gelben den Saugnuckel konturieren. Die Glasuren kurz antrocknen lassen. Mit flüssiger Glasur jeweils in der Konturfarbe die Flächen ausfüllen und trocknen lassen. Zuletzt alle Konturen in den entsprechenden Farben nachziehen und mit weicher weißer Glasur die Milliliterskala zeichnen. Alles vollständig trocknen lassen.

FÜR DIE RASSEL

Mit der weichen blauen Glasur die Konturen der Schleifen nachzeichnen, mit der weichen weißen Glasur die Rassel konturieren. Die Glasuren leicht antrocknen lassen. Mit flüssiger blauer Glasur die Schleife, mit weißer die Rassel ausfüllen. Damit die Glasur eine glatte

Oberfläche hat, in die noch feuchte blaue Glasur weiße Punkte hineintropfen (siehe Step). Die Glasuren trocknen lassen. Zuletzt die Konturen in der jeweiligen Farbe mit den weichen Glasuren nochmals nachzeichnen. Vollständig trocknen lassen.

FÜR DEN ABC-WÜRFEL

Mit der weichen weißen Glasur die Würfelkonturen aufspritzen und kurz antrocknen lassen. Mit flüssiger weißer Glasur die Würfelflächen ausfüllen und trocknen lassen. Mit der weichen blauen Glasur alle Konturen nachziehen. Die Würfelkanten mit Linien versehen, die Buchstabenkonturen einzeichnen und die Glasur kurz antrocknen lassen. Mit flüssiger blauer Glasur die Buchstaben ausfüllen und trocknen lassen.

FÜR DAS LÄTZCHEN

Mit der weichen blauen Glasur die Konturen der Schleife, mit der weißen die Konturen des Lätzchens aufspritzen und antrocknen lassen. Mit der flüssigen blauen Glasur die Schleife, mit der weißen das Lätzchen ausfüllen und trocknen lassen. Mit weicher weißer Glasur die Lätzchenkonturen nachziehen und die Pünktchen aufsetzen (Spritztechnik siehe S. 31). Mit weicher blauer Glasur die Konturen der Schleife nachzeichnen. Trocknen lassen.

FÜR DEN SCHLAFANZUG

Mit der weichen blauen Glasur die Konturen des Schlafanzugs aufspritzen und antrocknen lassen. Mit der flüssigen blauen Glasur die Fläche ausfüllen. Solange die Glasur noch feucht ist, größere Punkte mit flüssiger weißer Glasur hineintropfen (siehe Step), und trocknen lassen. Mit weicher blauer Glasur alle Konturen nachziehen und die Details ausarbeiten. Mit weicher weißer Glasur Verschlussknöpfchen aufspritzen (Spritztechnik siehe S. 31). Trocknen lassen.

FÜR DEN KINDERWAGEN

Mit der weichen weißen Glasur die Konturen des Verdecks aufspritzen, mit der blauen den restlichen Kinderwagen – die Räder ausgenommen – konturieren und antrocknen lassen. Mit der flüssigen weißen Glasur das Verdeck, mit der blauen Glasur den Wagen ausfüllen und trocknen lassen. Mit weicher weißer Glasur alle Konturen nachziehen, die Räder zeichnen und die Details an Wagen und Verdeck ausarbeiten. Trocknen lassen.

FÜR DIE BABYSCHUHE

Mit der weichen weißen Glasur die Konturen der Schuhe aufspritzen und antrocknen lassen. Mit der flüssigen weißen Glasur die Flächen ausfüllen. In die noch feuchte Glasur mit flüssiger blauer Glasur Punkte hineintropfen und trocknen lassen. Die Konturen der Schuhe mit weicher weißer Glasur, die Bänder und Schleifen mit weicher blauer Glasur zeichnen.

C
A
B

Herzchen zum Verschenken

Man nehme jeweils drei Herzplätzchen, glasiere sie in verschiedenen Pinktönen und verpacke sie in schleifenverzierte Folie: Fertig ist ein charmantes kleines Geschenk für alle möglichen Gelegenheiten. Auch auf einer festlich gedeckten Kaffeetafel bilden die »Herztütchen« einen hübschen Blickfang. Natürlich können Sie für die Glasuren jede beliebige Farbkombination wählen.

FÜR 24 PLÄTZCHEN

24 Zitronenplätzchen in Herzform
(ca. 3,5 cm breit; ½ Grundrezept → S. 12)
300 g Eiweiß-Spritzglasur (Rezept S. 29)
flüssige Speisefarbe in Pink

UTENSILIEN

kleine Schüsseln
kleine Palette
Papierspritzbeutel (siehe S. 30)
Frischhaltefolie

1 Die Eiweiß-Spritzglasur auf drei Schüsseln verteilen. Eine Portion mit 1 Tropfen Speisefarbe hellrosa färben, die zweite dunkelrosa und die dritte intensiv pink. Tropfenweise Wasser unterrühren, bis die Glasuren eine weiche Konsistenz haben (siehe S. 29/30). Jeweils etwas Glasur in einen Spritzbeutel füllen. Die restlichen Glasuren mit Frischhaltefolie zudecken, damit sie nicht eintrocknen.

2 Die Spitze der Spritzbeutel knapp abschneiden und in jeder Farbe auf je 8 Plätzchen die Herzkonturen spritzen. Die Konturen leicht antrocknen lassen.

3 Die restlichen Glasuren aus den Spritzbeuteln wieder zurück in die entsprechenden Schüsseln geben. Jeweils etwas Wasser dazugeben und die Glasuren zu einer flüssigen Konsistenz verrühren. Die Glasuren in Spritzbeutel füllen und die Spitzen knapp abschneiden. Die Flächen zwischen den Konturen in den entsprechenden Farben gleichmäßig ausfüllen.

4 Die Plätzchen über Nacht trocknen lassen. Nach Belieben farblich sortiert in Folie verpacken und die Tütchen mit Schleifen aus Satinband verschließen.

Let it snow

Auch wenn Frau Holle nicht mitspielen sollte, kann man zu Hause für winterliche Stimmung sorgen. Diese glitzernden Kunstwerke sind ganz einfach herzustellen und geben jeder Weihnachtsparty eine magische Note. Man kann sie auch an langen Satinbändern als Schmuck an den Christbaum hängen.

FÜR 8 PLÄTZCHEN

8 Ingwerplätzchen in Schneeflockenform
(ca. 8 x 8 cm; ½ Grundrezept → S. 13)
300 g Eiweiß-Spritzglasur (Rezept S. 29)
Kuchenglitter in Weiß

UTENSILIEN

kleine Schüsseln
kleine Palette
Papierspritzbeutel (siehe S. 30)
Frischhaltefolie · weicher Backpinsel

1 Die Eiweiß-Spritzglasur in eine Schüssel geben. Tropfenweise Wasser unterrühren, bis die Glasur eine weiche Konsistenz hat (siehe S. 29/30). Ein Drittel der Glasur in einen Spritzbeutel füllen. Die restliche Glasur mit Frischhaltefolie zudecken, damit sie nicht eintrocknet.

2 Die Spitze des Spritzbeutels knapp abschneiden und sämtliche Konturen der Schneeflockenkristalle und der inneren Sterne aufspritzen. Die Glasur leicht antrocknen lassen.

3 Die restliche Glasur aus dem Spritzbeutel zurück in die Schüssel geben und mit etwas Wasser zu einer flüssigen Konsistenz verrühren. Die flüssige Glasur in einen Spritzbeutel füllen und sämtliche Flächen ausfüllen.

4 Solange die Glasur noch feucht ist, den weißen Kuchenglitter großzügig darüberstreuen, sodass die Schneeflocken vollständig mit Glitter bedeckt sind. Trocknen lassen. Wenn die Glasur vollkommen trocken ist, den losen, überschüssigen Glitter vorsichtig mit dem Backpinsel entfernen.

Kleine Kuchen

von Kaleidoskop-Muffins bis
Weiße Blütenträume

Kaleidoskop-Muffins

Diese Idee stammt von meinem besten »Kuchen-Kumpel«, Anne Schultes aus Köln. Sie ist eine der kreativsten und inspirierendsten Kuchendesignerinnen, die ich kenne, und hat mich immer sehr unterstützt.

FÜR 12 MUFFINS

12 Muffins (1 Grundrezept → S. 15, mit Vanille oder Zitrone aromatisiert und in Aluförmchen gebacken)
150 ml Zitronensirup (Rezept S. 18)
100 g Aprikosenkonfitüre
1,5 kg Fondantglasur (Rezept S. 28)
flüssige Speisefarben nach Wahl
300 g weiche Eiweiß-Spritzglasur (Rezept S. 29)

UTENSILIEN

Backpinsel
Haarsieb
kleiner Topf
kleine Schüsseln
kleine Palette
Papierspritzbeutel (siehe S. 30)
Frischhaltefolie

1 Mit dem Backpinsel die Oberfläche der Muffins mit Zitronensirup bestreichen. Die Aprikosenkonfitüre durch das Sieb in den Topf passieren und bei schwacher Hitze erwärmen. Mit dem Backpinsel eine dünne Konfitüreschicht auf die Muffins streichen.

2 Die Fondantglasur je nach Anzahl der gewünschten Farben auf Schüsseln verteilen und färben. Die Muffins glasieren und trocknen lassen.

3 Die Eiweiß-Spritzglasur in den gewünschten Farbtönen einfärben und jeweils in Spritzbeutel füllen. Nach Belieben grafische Muster auf die Muffins spritzen, z.B. die hier abgebildeten (Spritztechnik siehe S. 31).

4 Bei mehrfarbigen Mustern zunächst eine Farbe auf die Muffins spritzen und trocknen lassen, bevor die nächste Farbe verwendet wird. Die Spritzbeutel, die gerade nicht benötigt werden, in Frischhaltefolie wickeln, damit die Glasuren nicht eintrocknen.

Bollywood-Kitsch

Wie der Name schon signalisiert, fiel mir das Design für diese glitzernden Schmuckstücke ein, als Bollywood in Mode kam und Andrew Lloyd Webbers glamouröses Musical »Bombay Dreams« seinen Triumphzug antrat.

FÜR 25 PETIT FOURS

25 Petit Fours (1 Grundrezept → S. 15, überzogen mit Fondantglasur in Pink, Gelb, Türkis, Orange und Violett → Rezept S. 26)
15 kleine Marzipanrosen (siehe S. 34)
30 Rosenknospen aus Marzipan (siehe S. 34)
75 kleine grüne Rosenblätter aus Marzipan (siehe S. 34)
Kuchenglitter in Pink und Grün
100 g weiche Eiweiß-Spritzglasur (Rezept S. 29)
Speisefarben-Kristallpulver in Gold
klarer Alkohol (z. B. Wodka)

UTENSILIEN

25 goldene Aluförmchen
kleine Palette
Papierspritzbeutel (siehe S. 30)
Frischhaltefolie
feiner Haarpinsel

1 Die frisch glasierten Petit Fours in die Förmchen setzen. Die Förmchen um die Petit Fours in eine quadratische Form biegen und die Seiten leicht andrücken. Die Glasur trocknen lassen.

2 Die Rosen, Rosenknospen und -blätter, wie auf S. 34 beschrieben, anfertigen. Solange das Marzipan noch feucht ist, die Blüten in den pinkfarbenen und die Blätter in den grünen Kuchenglitter tauchen. Trocknen lassen.

3 Die Eiweiß-Spritzglasur in einen Spritzbeutel füllen und feine, spiralförmige Linien (Step 1) oder Punkte auf die Petit Fours spritzen (Spritztechnik siehe S. 31). Trocknen lassen. Die Spritzbeutel in Frischhaltefolie wickeln und beiseitelegen.

4 Etwas Kristallpulver mit 1 Tropfen Alkohol mischen. Die aufgespritzten Muster mit dem Pinsel vergolden (Step 2). Die Rosenblüten und -blätter mit etwas Eiweiß-Spritzglasur jeweils in die Mitte der Petit Fours kleben (Step 3).

Schmetterlingsträume

Wenn Sie Ihrer Party eine frühlingshafte Note geben möchten, liegen Sie mit diesen köstlichen »Schmetterlingen auf süßem Landeplatz« genau richtig. Sehen sie nicht aus, als ob sie gleich wieder davonfliegen würden? Greifen Sie also bei diesen Leckereien lieber ganz schnell zu!

FÜR 25 PETIT FOURS

Kokosfett
500 g Eiweiß-Spritzglasur (Rezept S. 29)
flüssige Speisefarbe in Gelb, Blau, Pink und Orange
25 Petit Fours (1 Grundrezept → S. 15, überzogen mit Fondantglasur in verschiedenen Farben → Rezept S. 26)

UTENSILIEN

2-3 Bogen Cellophan
kleine Schüsseln
Papierspritzbeutel (siehe S. 30)
Frischhaltefolie
dünne Pappe
Pergament- oder Butterbrotpapier
kleine Palette · 25 Aluförmchen

Die Schmetterlinge 2 Tage im Voraus anfertigen. Einen Bogen Cellophan auf die Schmetterlingsvorlagen (siehe S. 141) legen und mit den Fingern eine hauchdünne Schicht Kokosfett auftragen, damit die Glasur nicht anklebt. Eine kleine Portion steife Eiweiß-Spritzglasur in eine Schüssel geben, mit Frischhaltefolie zudecken und bis zur Fertigstellung der Schmetterlinge beiseitestellen (zu den Konsistenzen der Eiweiß-Spritzglasur siehe S. 29/30).

FÜR DIE GELBEN SCHMETTERLINGSFLÜGEL (S. 141, OBERSTE SCHABLONE)

Die Glasuren einfärben: Mit der gelben Speisefarbe eine weiche und eine flüssige Glasur, mit der blauen Speisefarbe eine weiche hellblaue Glasur anrühren und jeweils in einen Spritzbeutel füllen. Mit der weichen gelben Glasur die Konturen des Schmetterlings aufspritzen und die Glasur leicht antrocknen lassen. Mit der flüssigen gelben Glasur die vorderen Flügel ausfüllen und die Glasur trocknen lassen. Die hinteren Flügel ebenfalls ausfüllen. Die Glasur trocknen lassen. Mit der weichen hellblauen Glasur viele kleine Punkte auf alle Flügel setzen. Die Spritzbeutel in Frischhaltefolie wickeln und beiseitelegen.

FÜR DIE BLAUEN SCHMETTERLINGSFLÜGEL (S. 141, 2. SCHABLONE VON OBEN)

Die Glasuren einfärben: Mit der blauen Speisefarbe eine weiche und eine flüssige hellblaue Glasur, mit der gelben und blauen Speisefarbe eine weiche grüne Glasur anrühren und jeweils in einen Spritzbeutel füllen. Wie bei den gelben Schmetterlingsflügeln beschrieben, die Flügelkonturen nachzeichnen, die Flügel ausfüllen (diesmal in Hellblau) und jeweils trocknen lassen. Mit der weichen grünen Glasur kleine Punkte an die Ränder der Flügel setzen. Die Spritzbeutel in Frischhaltefolie wickeln und beiseitelegen.

FÜR DIE GRÜNEN SCHMETTERLINGSFLÜGEL (S. 141, MITTLERE SCHABLONE)

Die Glasuren einfärben: Mit der gelben und blauen Speisefarbe eine weiche und eine flüssige grüne Glasur sowie eine flüssige gelbgrüne Glasur anrühren und jeweils in einen Spritzbeutel füllen. Mit der weichen grünen Glasur die Konturen des Schmetterlings aufspritzen und antrocknen lassen. Mit der flüssigen grünen Glasur die vorderen Flügelflächen ausfüllen und die Glasur trocknen lassen. Mit der flüssigen gelbgrünen Glasur die hinteren Flügel ausfüllen und die Glasuren vollständig trocknen lassen. Die Spritzbeutel in Frischhaltefolie wickeln und beiseitelegen.

FÜR DIE PINKFARBENEN SCHMETTERLINGSFLÜGEL (S. 141, 2. SCHABLONE VON UNTEN)

Die Glasuren einfärben: Mit der pinkfarbenen Speisefarbe eine weiche und eine flüssige rosafarbene Glasur sowie eine flüssige pinkfarbene Glasur anrühren und jeweils in einen Spritzbeutel füllen. Mit der weichen rosafarbenen Glasur die inneren Konturen des Schmetterlings aufspritzen und kurz antrocknen lassen. Mit einem kleinen Abstand an den äußeren Flügelrändern nochmals eine Konturlinie ziehen und die Glasur trocknen lassen. Mit der flüssigen rosafarbenen Glasur die Flächen zwischen den beiden Konturen füllen und die Glasur trocknen lassen. Mit der flüssigen pinkfarbenen Glasur die noch freien Flügelflächen glasieren. Die Spritzbeutel in Frischhaltefolie wickeln und beiseitelegen.

FÜR DIE ORANGEFARBENEN SCHMETTERLINGSFLÜGEL (S. 141, UNTERSTE SCHABLONE)

Die Glasuren einfärben: Mit der gelben Speisefarbe eine weiche und eine flüssige Glasur sowie mit der orangefarbenen Speisefarbe eine flüssige Glasur anrühren und jeweils in einen Spritzbeutel füllen. Mit der weichen gelben Glasur die inneren Konturen des Schmetterlings aufspritzen und die Glasur antrocknen lassen. Die äußeren Konturen zeichnen und ebenfalls trocknen lassen. Mit der flüssigen orangefarbenen Glasur die mittleren

1

2

3

Flügelflächen ausfüllen und die Glasur trocknen lassen. Mit der flüssigen gelben Glasur die restlichen Flügelflächen und den Punkt ausfüllen und die Glasuren vollständig trocknen lassen. Die Spritzbeutel in Frischhaltefolie wickeln und beiseitelegen.

DIE FERTIGSTELLUNG DER SCHMETTERLINGE

1 Für die Fühlerpaare der Schmetterlinge mit der passenden weichen Glasur jeweils zwei gleich lange Linien mit einem perlförmigen Punkt am Ende auf Pergamentpapier spritzen. Schmetterlinge und Fühler mindestens 2 Tage an einem warmen, trockenen Ort aushärten lassen. Inzwischen können Sie die Petit Fours herstellen und glasieren. Die frisch glasierten Petit Fours in die Förmchen setzen. Die Förmchen um die Petit Fours in eine quadratische Form biegen und die Seiten leicht andrücken. Die Glasur trocknen lassen.

2 Für jeden Schmetterling ein Stück dünne Pappe in V-Form falten und ein ebenso gefaltetes Stück Pergamentpapier hineinlegen (Step 1). Für den Schmetterlingskörper mit weicher Glasur in den entsprechenden Farben einen schmalen Streifen in den Knick des Pergamentpapiers spritzen – der Streifen sollte ein Stückchen länger als die Mittellinie der Flügel sein (Step 2). Mithilfe der kleinen Palette die Flügel an den Körper setzen (Step 3) und vorsichtig andrücken. Den Schmetterling in dieser Position mindestens 3 Stunden trocknen lassen.

3 Die beiseitegelegte Eiweiß-Spritzglasur in einen Spritzbeutel füllen und jeweils einen Schmetterling mit 1 Tupfen Glasur mittig auf ein Petit Four kleben (Step 4 und 5).

4 Mit weicher Glasur in der jeweils passenden Farbe einen Kopf aufspritzen (Step 6) und den Schmetterlingskörper mit einer spitz auslaufenden Linie verstärken. Zum Schluss jeweils ein Fühlerpaar vorsichtig in den noch feuchten Kopf drücken (Step 7).

Wirbelwind

Die Idee zu diesen witzigen Partykuchen lieferte mir ein Stoff, der mit kunterbunten Kreisen bedruckt war. Muster auf Stoffen, Tapeten oder Porzellan sind für mich immer wieder fantastische Inspirationsquellen.

FÜR ETWA 12 KLEINE KUCHEN

1 rechteckiger Schokoladenkuchen
(30 x 40 cm; 2 Grundrezepte → S. 17)
250 ml Zuckersirup (Rezept S. 18,
nach Belieben aromatisiert)
250 g Belgische Ganache (Rezept S. 19)
750 g schokoladenbrauner Rollfondant
Puderzucker für die Arbeitsfläche
300 g weißer Rollfondant
Speisefarben nach Wahl (in Pastenform)
100 g weiche Eiweiß-Spritzglasur (Rezept S. 29)

UTENSILIEN

großes Brotmesser
Backpinsel
Frischhaltefolie
runde Ausstechformen (8-12 cm Ø)
kleine Palette
Ausrollstab
Ausrollschienen (5 mm hoch)
Küchenmesser
Fondantglätter
Papierspritzbeutel (siehe S. 30)
Satinband in verschiedenen Farben (10 mm breit)

1 Die Oberfläche des Schokoladenkuchens mit dem Brotmesser glätten und den Kuchen mit dem Backpinsel mit Zuckersirup tränken. In Frischhaltefolie einschlagen und etwa 2 Stunden kühl stellen.

2 Dann mit verschiedenen Formen kleine runde Kuchen in mehreren Größen ausstechen. Die Kuchen mithilfe der Palette jeweils mit einer dünnen Schicht Ganache überziehen.

3 Den braunen Fondant auf der mit Puderzucker bestäubten Arbeitsfläche in mehreren Portionen mithilfe der Ausrollschienen 5 mm dick ausrollen. Jeden Kuchen mit Fondant überziehen (in der gleichen Weise wie eine große Torte, siehe S. 23). Überstehenden Fondant mit dem Küchenmesser abschneiden und den Überzug rundherum glätten.

4 Den weißen Fondant in den gewünschten Farbtönen einfärben und ebenfalls mithilfe der Ausrollschienen dünn ausrollen. Kreise in verschiedenen Größen ausstechen.
Die Eiweiß-Spritzglasur in Spritzbeutel füllen und die Fondantkreise jeweils mit etwas Glasur auf die Kuchen kleben. Bei einigen Kreisen die Konturen mit der Spritzglasur nachzeichnen und die Glasur trocknen lassen.

5 Von dem Satinband Stücke vom Umfang der Kuchen zuschneiden. Die Bänder um den unteren Rand der passenden Kuchen legen und mit 1 Tupfen Eiweiß-Spritzglasur befestigen.

Nostalgische Schokoherzen

Diese kleinen Petit Fours aus Schokoladenteig sind eine köstliche Alternative zu Pralinen. Um den Retro-Look zu perfektionieren, habe ich bei den mit nostalgischen Monogrammen verzierten Herzchen eine alte Technik angewendet, die mit einem Teigkneifer ausgeführt wird.

FÜR 25 PETIT FOURS

25 Petit Fours aus Schokoladenkuchen (1½ Grundrezepte → S. 17, gebacken in kleinen herzförmigen Backformen mit 5 cm Ø)
2 EL Aprikosenkonfitüre
1 kg schokoladenbrauner Rollfondant
Puderzucker für die Arbeitsfläche
Zuckerkleber oder klarer Alkohol (z. B. Wodka)
250 g Eiweiß-Spritzglasur (Rezept S. 29)
flüssige Speisefarbe in Rosa
200 g weißer Rollfondant

UTENSILIEN

Küchenmesser
Haarsieb
kleiner Topf
weicher Backpinsel
Ausrollstab
Ausrollschienen (5 mm hoch)
Teig- bzw. Marzipankneifer
kleine Schüssel
Papierspritzbeutel (siehe S. 30)
Frischhaltefolie
gerippter Ausrollstab
Mini-Ausstecher in Herzform

1 Die Oberfläche – und bei Bedarf auch die Seiten – der gebackenen Herzchen mit dem Küchenmesser sorgfältig glätten. Die Aprikosenkonfitüre durch das Sieb in den Topf passieren und bei schwacher Hitze erwärmen. Alle Herzchen mit dem Backpinsel dünn und gleichmäßig mit der warmen Konfitüre überziehen.

2 Den braunen Fondant auf der mit Puderzucker bestäubten Arbeitsfläche in mehreren Portionen mithilfe der Ausrollschienen 5 mm dick ausrollen. Den Fondant in so große Quadrate schneiden, dass die Herzen damit vollständig zugedeckt werden können. Beim Überziehen die Herzkanten vorsichtig mit den Fingern runden, den Fondant an den Seiten herabziehen, sanft andrücken und glatt streichen. Überstehenden Fondant abschneiden.

FÜR HERZEN MIT MONOGRAMM

3 Aus dem restlichen braunen Fondant dünne Rollen formen, die jeweils so groß sind, dass sie rund um ein Herzchen reichen. Mit dem Teigkneifer Stück um Stück in die Rollen kneifen, um ringsherum das Muster zu prägen (siehe S. 87, rechts oben).

4 Den unteren Rand der Herzchen jeweils mit Zuckerkleber oder Alkohol bestreichen und die geprägten Schokorollen ankleben.

5 Etwas Eiweiß-Spritzglasur in einer Schüssel zartrosa einfärben. Tropfenweise Wasser unterrühren, bis die Glasur eine weiche Konsistenz hat (siehe S. 29/30). Die Glasur in einen Spritzbeutel geben, die Spitze knapp abschneiden und die gewünschten Monogramme auf die Herzchen spritzen. Die Glasur trocknen lassen. Den Spritzbeutel in Frischhaltefolie wickeln, damit die Glasur nicht eintrocknet.

FÜR HERZEN MIT TUPFEN

6 Den weißen Fondant zartrosa einfärben und auf der mit Puderzucker bestäubten Arbeitsfläche zu einem breiteren Streifen ausrollen, der so lang ist, dass er rund um ein Herzchen reicht. Für das Muster mit dem gerippten Ausrollstab der Länge nach in einem Zug über den Fondantstreifen rollen. Den gemusterten Streifen der Länge nach in 1 cm breite Bänder schneiden (siehe S. 87, unten links).

7 Den unteren Rand der Herzchen mit Zuckerkleber oder Alkohol bestreichen und die Fondantbänder ankleben.

8 Mit der rosafarbenen, für die Monogramme angerührten Eiweiß-Spritzglasur kleine Tupfen auf die Herzchen setzen (siehe S. 87, unten rechts). Die Glasur trocknen lassen.

FÜR HERZEN MIT MINI-HERZCHEN

9 Auf der mit Puderzucker bestäubten Arbeitsfläche eine kleine Menge des restlichen rosafarbenen Fondants hauchdünn ausrollen und winzige Herzchen ausstechen.

10 Die Rückseite der Mini-Herzen dünn mit Zuckerkleber oder Alkohol bestreichen und mehrere in gleichmäßigem Abstand und beliebiger Anordnung auf ein Petit Four setzen. Den Kleber trocknen lassen. Wer dem Rosa der kleinen Herzen einen besonderen Glanz verleihen möchte, kann vor dem Aufkleben mit einem Haarpinsel rosa- oder pinkfarbenes Speisefarben-Kristallpulver auftragen.

JETAI
MEMON
AMOUR

Je t'aime, mon amour

Die mit Buchstaben verzierten Petit Fours eignen sich nicht nur für eine zuckersüße Liebeserklärung, sondern für jede andere Botschaft, die Sie auf originelle Weise übermitteln möchten. Zum Puzzle-Spaß wird dieses Geschenk, wenn Sie die Buchstaben in der Schachtel querbeet anordnen.

FÜR 25 PETIT FOURS

25 Petit Fours (1 Grundrezept → S. 15, überzogen mit Marzipan und roter Fondantglasur → Rezept S. 26)
400 g Eiweiß-Spritzglasur (Rezept S. 29)
flüssige Speisefarbe in Pink und Rot

UTENSILIEN

25 Aluförmchen
kleine Schüsseln
kleine Palette
Papierspritzbeutel (siehe S. 30)
Frischhaltefolie
Geschenkverpackung (Geschenkschachtel und -papier, Schleifenband)

1 Die frisch glasierten Petit Fours in die Förmchen setzen. Die Förmchen um die Petit Fours in eine quadratische Form biegen und die Seiten leicht andrücken. Die Glasur trocknen lassen.

2 Etwa 350 g Eiweiß-Spritzglasur in eine Schüssel geben und intensiv pink färben. Tropfenweise Wasser unterrühren, bis die Glasur eine weiche Konsistenz hat (siehe S. 29/30). Einige EL pinkfarbene Glasur in einen Spritzbeutel füllen. Die Konturen der gewünschten Buchstaben auf die Petit Fours spritzen und antrocknen lassen.

3 Die restliche Glasur aus dem Spritzbeutel wieder zurück in die Schüssel geben und mit etwas Wasser zu einer flüssigen Konsistenz verrühren. Die Glasur in einen Spritzbeutel füllen und die Flächen zwischen den Konturen gleichmäßig ausfüllen.

4 Die restliche – noch weiße – Glasur intensiv rot färben und tropfenweise Wasser unterrühren, bis sie eine weiche Konsistenz hat. In einen Spritzbeutel füllen und kleine Punkte in die noch feuchte Glasur der Buchstaben setzen. Die Petit Fours vor dem Verpacken gut trocknen lassen (am besten über Nacht).

Süße Rosenpracht

Als ich die originelle Tortenetagere in New York entdeckte, musste ich sie einfach kaufen. Das edle Stück hat mich zu den kleinen romantischen Rosenkuchen inspiriert, denen es den perfekten Auftritt verschafft.

FÜR 24 MUFFINS

24 Muffins (2 Grundrezepte → S. 15, mit Vanille aromatisiert und in weißen Papierförmchen gebacken)
150 ml Vanillesirup (Rezept S. 18)
600 g Vanillebuttercreme (Rezept S. 18)
72 kleine Marzipanrosen in Altrosa (siehe S. 34)
144 kleine moosgrüne Rosenblätter (siehe S. 34)

UTENSILIEN

Backpinsel
kleine Palette

1 Die Muffins backen und etwas abkühlen lassen. Mit dem Backpinsel die Oberfläche der Muffins mit Vanillesirup tränken. Mithilfe der Palette die Oberfläche der Küchlein gleichmäßig mit der Vanillebuttercreme bestreichen.

2 Jeweils 3 Rosenblüten und 6 Rosenblätter als Sträußchen auf die Muffins setzen (siehe links) und leicht in die Buttercreme drücken, um sie zu fixieren. Falls Sie die Muffins transportieren möchten, die Rosen und Blätter erst vor Ort auf den Küchlein arrangieren. Die Muffins zum Servieren nach Möglichkeit auf eine nostalgische Tortenetagere setzen.

Mini-Hochzeitstorten

Viele Brautpaare wünschen sich traditionelle Hochzeitstorten – sie sollen jedoch auf keinen Fall altbacken daherkommen, sondern mit einem besonderen Clou aufwarten. Meine Kreation bietet beides: die klassische Torte zum Anschneiden und individuelle Törtchen für jeden Gast.

FÜR ETWA 80 MINI-TÖRTCHEN UND 1 TORTE (15 CM Ø)

250 g Belgische Ganache (Rezept S. 19, nach Belieben mit Pfefferminzlikör aromatisiert)
1 Orangenkuchen (30 x 40 cm; 2 Grundrezepte → S. 15)
1 Zitronenkuchen (30 x 40 cm; 2 Grundrezepte → S. 15)
1 runder Schokoladenkuchen (15 cm Ø; 1 Grundrezept → S. 17)
150 ml Orangensirup (Rezept S. 18)
100 g Orangenmarmelade
150 g Orangenbuttercreme (Rezept S. 18)
150 ml Zitronensirup (Rezept S. 18)
150 g Lemon Curd
150 g Zitronenbuttercreme (Rezept S. 18)
100 ml Zuckersirup (Rezept S. 18)
450 g Marzipanrohmasse
5 kg weißer Rollfondant
150 g Aprikosenkonfitüre
Puderzucker für die Arbeitsfläche
80 fünfblättrige Blüten in verschiedenen Pinktönen (siehe S. 32)
250 g weiche Eiweiß-Spritzglasur (Rezept S. 29)
flüssige Speisefarbe in Grün

UTENSILIEN

großes Brotmesser
Backpinsel
kleine Palette
Frischhaltefolie
1 runde Tortenunterlage (15 cm Ø)
runde Ausstechform (5 cm Ø)
2 große Tabletts
Ausrollstab
Ausrollschienen (5 mm hoch)
Küchenmesser
Fondantglätter
Haarsieb
kleiner Topf
Pergament- oder Butterbrotpapier
Papierspritzbeutel (siehe S. 30)
15 m Satinband in zwei verschiedenen Pinktönen (15 mm breit)
4-stöckige Tortenetagere

Zwei Tage vor Fertigstellung der Torte die Ganache zubereiten und die Böden für die Torte und die Törtchen backen (siehe S. 15, Schritt 1 bis 6 und S. 17). Jedoch nicht – wie im Grundrezept – mit Zuckersirup tränken, sondern wie im Rezept beschrieben weiterverarbeiten. Die fünfblättrigen Blüten sollten Sie mindestens 1 Tag vor der Verwendung anfertigen.

TÖRTCHEN UND TORTE FÜLLEN

1 Die Oberflächen aller Böden mit dem Brotmesser glätten. Für die Orangentörtchen den Orangenkuchen waagerecht halbieren. Die untere Schnittfläche mit Orangensirup tränken, danach zuerst mit Orangenmarmelade und dann mit Orangenbuttercreme bestreichen. Die obere Lage mit der Schnittfläche nach unten darauflegen und ebenfalls mit Orangensirup tränken. In Frischhaltefolie einschlagen und mindestens 1 Stunde kühl stellen, bis die Creme fest ist.

2 Für die Zitronentörtchen den Zitronenkuchen waagerecht halbieren. Die untere Schnittfläche mit Zitronensirup tränken, danach zuerst mit Lemon Curd und dann mit Zitronenbuttercreme bestreichen. Die obere Lage mit der Schnittfläche nach unten darauflegen und ebenfalls mit Zitronensirup tränken. In Frischhaltefolie einschlagen und mindestens 1 Stunde kühl stellen, bis die Creme fest ist.

3 Für die große Torte den Schokoladenkuchen waagerecht in drei Lagen schneiden. Die untere Schnittfläche mit Zuckersirup tränken, danach mit der Ganache bestreichen und die mittlere Lage darauflegen. Die mittlere Lage ebenfalls mit Zuckersirup tränken und mit Ganache bestreichen. Die oberere Lage mit der Schnittfläche nach unten darauflegen und mit Zuckersirup tränken. Mindestens 1 Stunde kühl stellen, bis die Ganache fest ist.

4 In die Mitte der Tortenunterlage etwas Ganache streichen und die Torte auf die Unterlage setzen. Die Torte rundherum glatt mit Ganache überziehen und kühl stellen.

5 Aus dem gekühlten Orangen- und Zitronenkuchen mit dem runden Ausstecher Törtchen mit 5 cm ø ausstechen (es sollte jeweils 40 Stück ergeben). Die Törtchen nach Sorten auf Tabletts aufteilen, mit Frischhaltefolie zudecken und bis zur weiteren Verwendung kühl stellen. Die restliche Ganache ebenfalls mit Frischhaltefolie zudecken und kühl stellen.

TORTE UND TÖRTCHEN DEKORIEREN

6 Die Torte nochmals rundherum mit einer dünnen Schicht Ganache überziehen, damit der Marzipanüberzug gut haftet. Die Torte mit Marzipan und 500 g Fondant überziehen (siehe S. 23) und 1 Tag ruhen lasssen.

7 Für die Törtchen die Aprikosenkonfitüre durch das Sieb in den Topf passieren und bei schwacher Hitze erwärmen. Mit dem Backpinsel alle Törtchen damit rundherum bestreichen.

8 Den restlichen Fondant auf der mit Puderzucker bestäubten Arbeitsfläche portionsweise mithilfe der Ausrollschienen 5 mm dick ausrollen. Alle Törtchen mit Fondant überziehen, den Überzug glätten und überschüssigen Fondant wegschneiden. Die Törtchen 1 Tag ruhen lassen – dabei die Orangen- und Zitronentörtchen getrennt aufbewahren. In der Zwischenzeit können Sie die fünfblättrigen Blüten herstellen.

9 Am nächsten Tag ein Satinband in kräftigem Pink am unteren Rand der Torte anbringen und mit 1 Tupfen Eiweiß-Spritzglasur fixieren. Am unteren Rand jedes Törtchens ebenfalls ein Satinband anbringen. Um die Orangen- und Zitronentörtchen unterscheiden zu können, zwei verschiedene Farben wählen.

10 Je 1 fünfblättrige Blüte mit etwas Eiweiß-Spritzglasur auf die Törtchen kleben. Die restliche Glasur grün färben und in einen Spritzbeutel füllen. Die Spitze des Beutels v-förmig abschneiden und je 3 Blättchen an die Blüten spritzen.

11 Torte und Törtchen auf die Etagere setzen und nach Belieben mit frischen unbehandelten Rosen in kräftigem Pink und Hellrosa und einzelnen Rosenblättern dekorieren.

Frühlingsblüten-Muffins

Grazile Blüten in zarten Pastelltönen geben diesen kleinen Schokoladenkuchen einen romantischen Touch. Auf einem nostalgischen Tortenständer präsentiert, sind sie ein bezaubernder Blickfang – sie passen zu einer Hochzeit im Frühling genauso gut wie zu Gartenfesten.

FÜR 12 MUFFINS

150 g weiße Blütenpaste
Kokosfett
flüssige Speisefarbe in Altrosa, Violett, Grün und Gelb
Puderzucker für die Arbeitsfläche
etwas Eiweiß-Spritzglasur (Rezept S. 29)
Speisefarben-Kristallpulver in Gelb
12 Schokoladen-Muffins (1 Grundrezept → S. 17, in Aluförmchen gebacken und überzogen mit insgesamt 250 g Belgischer Ganache → Rezept S. 19)

UTENSILIEN

Frischhaltefolie
Modellierbrett mit Antihaftoberfläche und unterschiedlich großen Löchern
kleiner Ausrollstab
kleine Petunien-Ausstechform
Modellierplatte aus Schaumstoff mit unterschiedlich großen Löchern
Prägestempel für Blütenstrukturen
Modellierstab mit gekerbter Spitze · Bonetool
kleine Schüsseln · kleine Palette
Papierspritzbeutel (siehe S. 30)
schmale Sterntülle
kleine Primel-Ausstechform
Zahnstocher · Haarpinsel
Veilchen-Ausstechform
Modellierstab mit stumpfer Spitze

1 Die Blütenpaste mit etwas Kokosfett verkneten, bis sie weich und gut formbar ist. Die Paste in 3 gleich große Portionen teilen. Eine Portion altrosa, die zweite violett färben, die dritte bleibt weiß. Wenn sie längere Zeit nicht benötigt werden, die Pasten immer wieder in Frischhaltefolie wickeln, damit sie nicht eintrocknen.

FÜR DIE PETUNIEN (BILD RECHTS)

2 Auf dem mit Puderzucker bestäubten Modellierbrett an der Stelle mit dem größten Loch eine kleine Menge der rosafarbenen Blütenpaste sehr dünn ausrollen.

3 Die ausgerollte Blütenpaste umdrehen und eine Petunie ausstechen. Dabei darauf achten, dass sich das durch das Loch entstandene »Knöpfchen« genau in der Mitte des Ausstechers befindet. Die Blüte mit dem »Knöpfchen« nach unten in das große Loch der Modellierplatte setzen. Mit dem Prägestempel vorsichtig auf die Blüte drücken, sodass sich ein Kelch bildet.

4 Den Blättern mit dem gekerbten Modellierstab eine feine Struktur geben. Die Spitze des Bonetools in die Blütenmitte setzen, mit den Fingern die Blütenblätter vorsichtig etwas anheben und in eine natürliche Form bringen. Auf die gleiche Weise weitere 11 Petunien anfertigen. Etwas Eiweiß-Spritzglasur grün färben. Die Glasur in einen Spritzbeutel mit Sterntülle geben. Die Mitte der Blüten mit 1 Tupfen ausfüllen und die Glasur trocknen lassen.

5 Etwas Eiweiß-Spritzglasur gelb färben und in einen Spritzbeutel füllen. Die Spitze des Spritzbeutels sehr knapp abschneiden und winzige Tupfen als Staubgefäße auf die grüne Blütenmitte der Petunien spritzen. Alle Blüten gut trocknen lassen.

FÜR DIE PRIMELN (BILD RECHTS)

6 Auf dem mit Puderzucker bestäubten Modellierbrett an der Stelle mit dem mittelgroßen Loch eine kleine Menge der weißen Blütenpaste sehr dünn ausrollen.

7 Die ausgerollte Blütenpaste umdrehen und eine Primel ausstechen, wobei sich das »Knöpfchen« genau in der Mitte des Ausstechers befinden sollte. Die Blüte mit dem »Knöpfchen« nach unten in das mittelgroße Loch der Modellierplatte setzen.

8 Mit dem Zahnstocher flach über jedes Blütenblatt rollen, um die Blättchen etwas zu dehnen. Mit dem gekerbten Modellierstab vorsichtig in die Blütenmitte drücken, sodass sich ein kleiner Kelch bildet. Auf die gleiche Weise weitere 23 Primeln anfertigen und gut trocknen lassen.

9 Mit dem Haarpinsel etwas gelbes Speisefarben-Kristallpulver in die Blütenmitte streichen. Einen Tupfen der grünen – für die Petunien angerührten – Eiweiß-Spritzglasur in den geöffneten Blütenkelch der Primeln setzen und die Glasur trocknen lassen.

FÜR DIE VEILCHEN (BILD UNTEN)

10 Auf dem mit Puderzucker bestäubten Modellierbrett an der Stelle mit dem kleinsten Loch eine kleine Menge der violetten Blütenpaste sehr dünn ausrollen. Die ausgerollte Blütenpaste umdrehen und ein Veilchen ausstechen, wobei sich das »Knöpfchen« genau in der Mitte des Ausstechers befinden sollte.

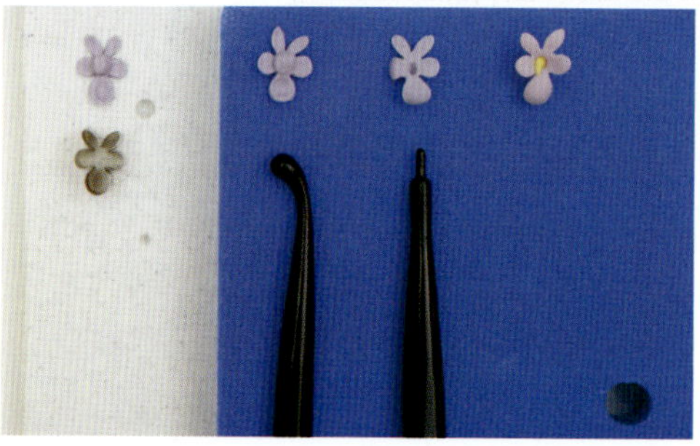

11 Die Blüte mit dem »Knöpfchen« nach oben auf die Modellierplatte setzen. Mit dem Bonetool zur Blütenmitte hin über jedes Blütenblatt rollen. Die Blüte umdrehen. Mit dem stumpfen Modellierstab sanft auf die Blütenmitte drücken, sodass ein kleiner Kelch entsteht. Auf die gleiche Weise weitere 35 Veilchen anfertigen und trocknen lassen. Zum Schluss etwas Eiweiß-Spritzglasur gelb färben, in einen Spritzbeutel geben und jeweils 1 Tupfen Glasur in die geöffnete Blütenmitte der Veilchen setzen. Alle Blüten gut trocknen lassen.

BLÜTEN AUF DIE KUCHEN SETZEN

12 Alle Blüten mit etwas Eiweiß-Spritzglasur auf die Schokoladenküchlein kleben, jeweils 1 Petunie, 2 Primeln und 3 Veilchen. Wer eine zusätzliche Dekoration möchte, kann mehr Blüten herstellen und diese auf der Tortenplatte und dem Tisch arrangieren.

Margeriten-Muffins

Mit dem Blütendekor dieser Muffins vertreiben Sie den Winter im Nu und verwandeln Ihre Kaffeetafel in eine farbenfrohe, frühlingshafte Blumenwiese. Stellen Sie die Muffins und Blüten bereits am Vortag her, damit sie genügend Zeit zum Trocknen haben.

FÜR 12 MUFFINS

Kokosfett
200 g Blütenpaste
Puderzucker für die Farbmischpalette
flüssige Speisefarbe in Gelb
feiner Zucker
etwas weiche Eiweiß-Spritzglasur (Rezept S. 29)
12 Vanille-Muffins (1 Grundrezept → S. 15, in Papierförmchen gebacken und überzogen mit pastellfarbener Fondantglasur → Rezept S. 28)

UTENSILIEN

Modellierbrett mit Antihaftoberfläche
Margeriten-Ausstechform mit Auswurf und Strukturstempel (Ausstecher von PME)
kleine Palette
Modellierplatte aus Schaumstoff
Cocktailspieß oder Zahnstocher
Farbmischpalette
kleiner Ausrollstab
Haarpinsel
Papierspritzbeutel (siehe S. 30)

1 Das Modellierbrett dünn mit Kokosfett einreiben, damit die Blütenpaste beim Ausrollen nicht kleben bleibt. Die Blütenpaste mit etwas Kokosfett kneten, bis sie weich und geschmeidig ist. Ein walnussgroßes Stück Paste auf dem Modellierbrett sehr dünn ausrollen.

2 Den Margeriten-Ausstecher fest auf die Blütenpaste drücken (Step 1). Die Blüte mithilfe der Palette vorsichtig auf die Modellierplatte legen. Auf diese Weise 12 Blüten herstellen. Den Cocktailspieß auf den Blütenblättern hin und her rollen (Step 2), um ihnen eine natürliche Form zu geben. Die Farbmischpalette mit Puderzucker bestäuben und in jede Mulde eine Blüte legen. Mit dem Ende des Ausrollstabs in die Mitte der Blüten drücken (Step 3).

3 Für die Blütenböden die restliche Blütenpaste gelb färben und aus der Masse 12 abgeflachte Kugeln formen. Jeweils mit Wasser anfeuchten und in den Zucker tunken. Die Blütenmittelpunkte anfeuchten und die Böden daraufkleben. Über Nacht trocknen lassen. Die Blüten mit Eiweiß-Spritzglasur auf die Muffins kleben und diese mit Glasurtupfen garnieren.

Weiße Blütenträume

Weiße Blüten und frisches Grün vereinen sich hier zu zauberhaften Hochzeitstörtchen. Sie können den Teig nach Belieben aromatisieren und füllen und natürlich auch die Blüten variieren. Anregungen für verschiedene Blüten finden Sie beispielsweise in den vorhergehenden Rezepten.

FÜR 16 TÖRTCHEN

250 g weiße Blütenpaste
Kokosfett
Puderzucker für die Arbeitsfläche
200 g weiche Eiweiß-Spritzglasur (Rezept S. 29)
1 kg weißer Rollfondant
Speisefarbe in Grün (in Pastenform)
16 Törtchen (à 5 cm Ø), hergestellt aus 1 quadratischen Kuchen (25 x 25 cm; 2 Grundrezepte → S. 15, überzogen mit Marzipan und weißem Rollfondant → Rezept S. 21)
Zuckerkleber

UTENSILIEN

Modellierbrett mit Antihaftoberfläche
kleiner Ausrollstab
kleiner fünfblättriger Blütenausstecher (ca. 1,5 cm Ø)
Frischhaltefolie
Modellierplatte aus Schaumstoff
Modellierstab mit stumpfer Spitze
Papierspritzbeutel (siehe S. 30)
weicher Backpinsel
Fondantglätter
Küchenmesser

FÜR DIE WEISSEN BLÜTEN (30 BLÜTEN PRO TÖRTCHEN)

1 Die Blütenpaste mit etwas Kokosfett verkneten, bis sie weich und gut formbar ist. Das Modellierbrett dünn mit Puderzucker bestäuben und die Blütenpaste darauf portionsweise hauchdünn ausrollen. Die Blüten ausstechen (S. 105, Step 1). Die nicht verarbeitete Blütenpaste in der Zwischenzeit in Frischhaltefolie wickeln, damit sie nicht eintrocknet.

2 Die Blüten auf die Modellierplatte legen. Die Mitte der Blütenblätter mit dem Modellierstab vertiefen, um ihnen eine natürliche Form zu geben (S. 105, Step 2). So fortfahren, bis die benötigte Anzahl von Blüten hergestellt ist. Die Eiweiß-Spritzglasur in einen Spritzbeutel füllen und je 1 perlförmigen Tupfen in die Mitte der Blüten spritzen (siehe S. 105, Step 3). Blüten und Glasur trocknen lassen.

FÜR DIE GRÜNEN STÄNGEL

3 Den Fondant in 4 gleich große Portionen teilen. 3 Portionen in unterschiedlichen Grüntönen einfärben, den weißen Fondant in Frischhaltefolie wickeln und beiseitelegen.

4 Den grün gefärbten Fondant mithilfe des Fondantglätters zu dünnen Rollen formen (Step 4) und in Stücke schneiden – sie sollten etwas länger als die Höhe der Törtchen sein. Die Seiten der Törtchen mit Zuckerkleber bestreichen. Die verschiedenfarbigen Rollen abwechselnd aufkleben und mit dem Fondantglätter flach andrücken (Step 5 und 6). Die überstehenden Enden mit dem Küchenmesser abschneiden (Step 7).

DEN BLÜTENSTRAUSS AUF DIE TÖRTCHEN SETZEN

5 Den weißen Fondant in 16 Portionen teilen. Aus jeder Portion 1 runde Kugel mit etwa 4 cm Ø formen (Step 8). Die Unterseite der Kugeln abflachen, sodass Kuppeln entstehen, und diese mit Eiweiß-Spritzglasur auf die Törtchen kleben. Für andere, selbst gewählte Blüten, kann die Kugel bei Bedarf auch flach gedrückt werden.

6 Am Rand der Törtchen beginnend, die Blüten mit Eiweiß-Spritzglasur nebeneinander auf die Kuppeln kleben (Step 9). In die Zwischenräume der ersten Blütenschicht weitere Blüten setzen, um ein üppiges Sträußchen zu erhalten. Alle Törtchen gut trocknen lassen.

1

2

3

4

5

6

7

8

9

Weihnachtsbäumchen

Dieses glitzernde Naschwerk ist in der Vorweihnachtszeit ein originelles Mitbringsel und der Hingucker bei jedem Adventskaffee. Der weiche Kontrast zwischen den weißen Bäumchen und der kieferngrünen Glasur gibt den Petit Fours eine stilvolle Note. Schön ist auch die umgekehrte Farbkombination.

FÜR 25 PETIT FOURS

Kokosfett
250 g Eiweiß-Spritzglasur (Rezept S. 29)
Kuchenglitter in Weiß
25 rechteckige Petit Fours (2,5 x 5 cm; 1 Grundrezept → S. 15, überzogen mit pastellgrüner Fondantglasur → Rezept S. 26)

UTENSILIEN

2-3 Bogen Cellophan
kleine Schüssel
Papierspritzbeutel (siehe S. 30)
Frischhaltefolie
kleine Palette
25 Aluförmchen

1 Die Bäumchen aus Eiweiß-Spritzglasur 2 Tage im Voraus anfertigen. Dafür einen Bogen Cellophan auf die Weihnachtsbaumvorlage (siehe S. 140) legen und mit den Fingern eine hauchdünne Schicht Kokosfett auftragen, damit die Glasur nicht anklebt.

2 Die Eiweiß-Spritzglasur in die Schüssel geben. Tropfenweise Wasser unterrühren, bis die Glasur eine weiche Konsistenz hat (siehe S. 29/30). Die Hälfte der Glasur in einen Spritzbeutel füllen und die Konturen der Weihnachtsbäume in einer durchgängigen Linie auf das Cellophan spritzen (Step 1). Die Glasur kurz antrocknen lassen.

3 Die restliche Glasur aus dem Spritzbeutel zurück in die Schüssel geben und mit etwas Wasser zu einer flüssigen Konsistenz verrühren. In einen Spritzbeutel füllen und die Bäumchen damit ausfüllen (Step 2). Solange die Glasur noch feucht ist, den Glitter über die Bäumchen streuen (Step 3). Den Spritzbeutel in Frischhaltefolie wickeln und beiseitelegen.

4 Die Bäumchen 2 Tage aushärten lassen. Die frisch glasierten Petit Fours in die Förmchen setzen, diese in eine quadratische Form biegen und die Seiten leicht andrücken. Die Petit Fours trocknen lassen. Die Bäumchen mit etwas Eiweiß-Spritzglasur aufkleben.

1

2

3

Festliche Torten

von Rosenbett bis Monogramm-Torte

Valentinsherz

Der Blütenkranz bildet einen markanten Rahmen für persönliche Botschaften oder einen Namen. So lässt sich die Torte als Liebesbrief für jeden romantischen Anlass verwenden, beispielsweise als süße Aufmerksamkeit zum Valentinstag. Beginnen Sie mit der Tortenherstellung etwa 3 Tage im Voraus.

FÜR ETWA 25 PORTIONEN

800 g zartrosa Rollfondant
2 runde Kuchen (20 cm Ø; je 1 Grundrezept → S. 15, nach Belieben aromatisiert)
150 ml Zuckersirup (Rezept S. 18, nach Belieben aromatisiert)
250 g Buttercreme (Rezept S. 18) oder Belgische Ganache (Rezept S. 19)
600 g Marzipanrohmasse
Puderzucker für die Arbeitsfläche
klarer Alkohol (z. B. Wodka)
700 g Eiweiß-Spritzglasur (Rezept S. 29)
flüssige Speisefarben nach Wahl

UTENSILIEN

1 runde Tortenunterlage (30 cm Ø)
etwa 1 m pinkfarbenes Satinband (15 mm breit)
Stecknadeln · Frischhaltefolie
großes Brotmesser
1 herzförmige Tortenunterlage (20 cm Ø)
Backpinsel · große Palette
Ausrollstab · Ausrollschienen (5 mm hoch)
Küchenmesser
2 Fondantglätter
kleine Schüsseln
Papierspritzbeutel (siehe S. 30)
Pergamentpapier
Blumennagel
verschieden große Garniertüllen (siehe S. 32)
Kuchendrehscheibe

1 Die runde Tortenunterlage mit 200 g Rollfondant überziehen. Das Satinband um den Rand der Unterlage spannen und mit Stecknadeln fixieren (siehe S. 24). Die Tortenunterlage 1 Tag ruhen lassen. Den restlichen Fondant in Frischhaltefolie gewickelt beiseitestellen.

2 In der Zwischenzeit die Kuchen backen. Mit dem Brotmesser die Oberfläche der leicht abgekühlten Kuchen glätten. Die herzförmige Tortenunterlage jeweils als Schablone auf die Kuchen legen und diese herzförmig zuschneiden.

3 Die Kuchen mit Zuckersirup tränken. Einen Kuchen mit der gewählten Füllung bestreichen. Den zweiten Kuchen mit der getränkten Seite nach oben daraufsetzen und leicht andrücken. Die Herztorte auf die herzförmige Tortenunterlage setzen. Die Torte rundherum mit Buttercreme oder Ganache überziehen (siehe S. 22) und mindestens 2 Stunden kühl stellen. Die restliche Füllung zugedeckt kühl stellen.

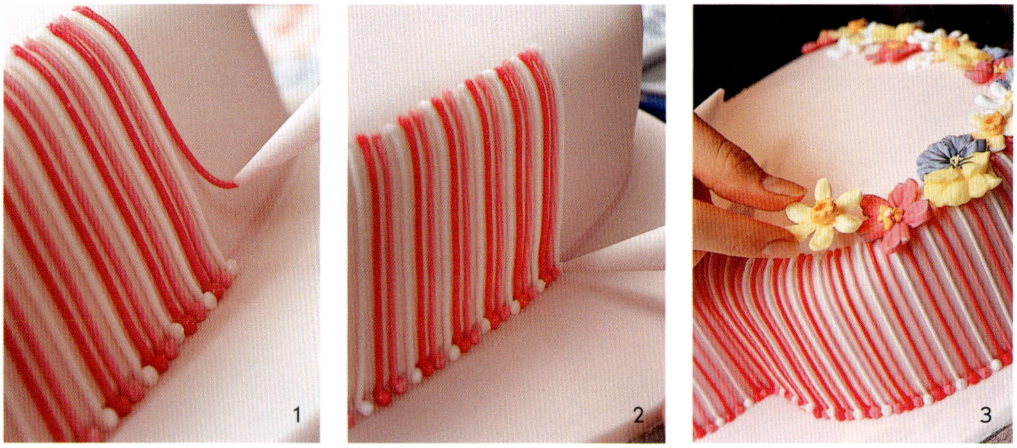

4 Die Torte nochmals dünn mit der gewählten Füllung aus Buttercreme oder Ganache überziehen, damit der Marzipanüberzug gut haftet. Das Marzipan auf der mit Puderzucker bestäubten Arbeitsfläche mithilfe der Ausrollschienen 5 mm dick ausrollen. Das Marzipan mithilfe des Ausrollstabs mittig auf die Torte legen und an den Seiten vorsichtig andrücken. Überschüssiges Marzipan mit dem Küchenmesser abschneiden. Den Marzipanüberzug mit den Fondantglättern rundherum glatt streichen (siehe S. 23). Die Torte 1 Tag ruhen lassen.

5 Den restlichen Rollfondant mithilfe der Ausrollschienen 5 mm dick ausrollen. Den Marzipanüberzug der Torte mit Alkohol bestreichen und die Fondantplatte auf die Torte legen. Den Fondant an den Seiten vorsichtig andrücken, überschüssigen Fondant mit dem Küchenmesser abschneiden. Den Fondantüberzug mit den Fondantglättern rundherum glatt streichen. Die Torte 1 Tag ruhen lassen.

6 In der Zwischenzeit aus 250 g Eiweiß-Spritzglasur etwa 70 bis 80 Blüten zur Verzierung des Tortenrands, wie auf Seite 32/33 beschrieben, herstellen. Die Blüten über Nacht trocknen lassen. Die restliche Eiweiß-Spritzglasur mit Frischhaltefolie zudecken und beiseitestellen.

7 Am nächsten Tag als Klebstoff 1 Klecks Eiweiß-Spritzglasur auf die mit Fondant überzogene Tortenunterlage geben, das Tortenherz daraufsetzen und 1 Stunde ruhen lassen. Je 100 g Eiweiß-Spritzglasur in 3 Schüsseln füllen und in 3 verschiedenen Pinktönen einfärben. Tropfenweise Wasser unter die Glasuren rühren, bis sie eine weiche Konsistenz haben (siehe S. 29/30). Die Glasuren in Spritzbeutel füllen. Die Torte auf die Kuchendrehscheibe stellen. Am oberen Tortenrand beginnend, in gleichmäßigen Abständen und wechselnden Farben senkrechte Glasurlinien ziehen und an das untere Ende der Linien perlenförmige Punkte spritzen (Step 1 und 2; Spritztechnik siehe S. 31).

8 Von der restlichen Eiweiß-Spritzglasur eine kleine Menge abnehmen, in einen Spritzbeutel füllen und die Blüten jeweils mit etwas Glasur an den Rand kleben (Step 3). Die restliche Glasur grün färben und Blättchen zwischen die Blüten spritzen (siehe S. 95, Schritt 10).

Blütentraum in Rosarot

Diese bezaubernde Kreation mit ihrer rosafarbenen Glasur und den unzähligen weißen Blüten ist die Krönung einer echten Traumhochzeit. Für einen besonders glanzvollen Auftritt streuen Sie Kuchenglitter auf die noch feuchten Blüten. Beginnen Sie mit der Tortenherstellung mindestens 3 Tage im Voraus.

FÜR ETWA 130 PORTIONEN

2 runde Kuchen (30 cm Ø; je 2 Grundrezepte → S. 15, nach Belieben aromatisiert)
2 runde Kuchen (25 cm Ø; je 1½ Grundrezepte → S. 15, nach Belieben aromatisiert)
2 runde Kuchen (20 cm Ø; je 1⅓ Grundrezepte → S. 15, nach Belieben aromatisiert)
2 runde Kuchen (15 cm Ø; je 1 Grundrezept → S. 15, nach Belieben aromatisiert)
700 ml Zuckersirup (Rezept S. 18, nach Belieben aromatisiert)
2 kg Buttercreme (Rezept S. 18) oder nach Belieben eine andere Füllung
5 kg Marzipanrohmasse
Puderzucker für die Arbeitsfläche
5 kg zartrosa Rollfondant
klarer Alkohol (z. B. Wodka)
1 kg Eiweiß-Spritzglasur (Rezept S. 29)
flüssige Speisefarbe in Rosa

UTENSILIEN

großes Brotmesser
5 runde Tortenunterlagen (15, 20, 25, 30 und 40 cm Ø)
Backpinsel
Frischhaltefolie
große Palette
Ausrollstab · Ausrollschienen (5 mm hoch)
Küchenmesser
2 Fondantglätter
etwa 4 m weißes Satinband (15 mm breit)
Stecknadeln
kleine Schüsseln
Papierspritzbeutel (siehe S. 30)
Pergamentpapier
verschieden große Garniertüllen (siehe S. 32)
Blumennagel
12 Tortendübel

1 Nacheinander alle Kuchen backen, dabei für jeden Kuchen den Teig jeweils frisch zubereiten. Rechnen Sie dafür 1 vollen Tag ein. Die Oberfläche der leicht abgekühlten Kuchen mit dem Brotmesser glätten und die Kuchen auf die jeweiligen Tortenunterlagen exakt zuschneiden. Die größte Tortenunterlage wird später als Boden für die gesamte Torte verwendet. Die Kuchen mit dem Backpinsel mit Zuckersirup tränken. Die getränkten Böden in Frischhaltefolie einschlagen und über Nacht kühl stellen.

2 Am nächsten Tag die Buttercreme herstellen. Für jede Schicht einen Kuchen auf der getränkten Seite mit Buttercreme bestreichen. Den zweiten Kuchen mit der getränkten Seite nach oben daraufsetzen und leicht andrücken. Auf die jeweils passendenTortenunterlagen legen und die einzelnen Torten rundherum mit Buttercreme überziehen. Torten und restliche Buttercreme mindestens 2 Stunden kühl stellen.

3 Die Torten nochmals dünn mit Buttercreme überziehen, damit der Marzipanüberzug besser haftet. Das Marzipan auf der mit Puderzucker bestäubten Arbeitsfläche portionsweise mithilfe der Ausrollschienen 5 mm dick und so groß ausrollen, dass die Marzipanplatte die jeweilige Torte bedecken kann. Das Marzipan mithilfe des Ausrollstabs mittig auf jede Tortenschicht legen und an den Seiten vorsichtig andrücken. Überschüssiges Marzipan mit dem Küchenmesser abschneiden. Den Marzipanüberzug mithilfe der Fondantglätter bei allen Torten rundherum glatt streichen. Die Torten 1 Tag ruhen lassen.

4 Am nächsten Tag die große Tortenunterlage mit 350 g Fondant überziehen. Das Satinband um den Rand der Unterlage spannen und mit Stecknadeln befestigen (siehe S. 24). Den restlichen Rollfondant portionsweise mithilfe der Ausrollschienen 5 mm dick und so groß ausrollen, dass der Fondant die jeweilige Torte bedecken kann. Den Marzipanüberzug der Torten mit Alkohol bestreichen und die Fondantplatten auf die entsprechenden Torten legen. Den Fondant an den Seiten vorsichtig andrücken. Überschüssigen Fondant mit dem Küchenmesser abschneiden. Den Fondantüberzug mithilfe der Fondantglätter rundherum glatt streichen. Alles 1 Tag ruhen lassen.

5 In der Zwischenzeit aus etwa 750 g steifer Eiweiß-Spritzglasur 250 Blüten in verschiedenen Größen anfertigen. Dabei so vorgehen, wie in der Anleitung für einfache fünfblättrige Blüten auf S. 32 beschrieben, aber jeweils nur 4 Blütenblätter aufspritzen. Für die Staubgefäße etwa 100 g Glasur zartrosa einfärben, in einen Spritzbeutel füllen und kleine Tupfen in die Mitte der Blüten setzen. Die Tortenunterlage und die Blüten ebenfalls 1 Tag ruhen lassen. Die restliche Glasur mit Frischhaltefolie zudecken und beiseitestellen.

6 Um die unteren Ränder jeder Tortenetage ebenfalls ein Satinband legen und mit 1 Tupfen Spritzglasur fixieren. Die Etagen mithilfe der Tortendübel auf der mit Fondant überzogenen Tortenunterlage zusammensetzen (siehe S. 25).

7 Die restliche Eiweiß-Spritzglasur in einen Spritzbeutel füllen und die Blüten mit etwas Glasur dekorativ an die Seitenflächen der einzelnen Tortenetagen kleben. Die Glasur gut trocknen lassen.

Nostalgische Hochzeitstorte

Oftmals lasse ich mich für meine Kreationen von Mustern auf Tapeten und Stoffen anregen. Zu dieser edel-verspielten Hochzeitstorte inspirierte mich ein Tapetenmuster der Designerin Cath Kidston. Mir gefällt dieses nostalgische Muster, weil es mich an die herrlichen englischen Rosengärten erinnert. Die Technik, in der die Rosen gemalt werden, nennt man Pinselstickerei – zugegeben, eine nicht ganz einfache Technik, die passionierten Hobbybäckern aber ungeahnte Möglichkeiten eröffnet. Zusätzlich zu dem außergewöhnlichen Dekor hat diese Torte noch einen anderen Clou: kleine, aus Tortenunterlagen gebaute Podeste, die die einzelnen Kuchen trennen.

FÜR ETWA 110 PORTIONEN

2 runde Kuchen (30 cm Ø; je 2 Grundrezepte → S. 15, nach Belieben aromatisiert)
2 runde Kuchen (25 cm Ø; je 1½ Grundrezepte → S. 15, nach Belieben aromatisiert)
2 runde Kuchen (15 cm Ø; je 1 Grundrezept → S. 15, nach Belieben aromatisiert)
1,5 kg Buttercreme (Rezept S. 18)
500 ml Zuckersirup (Rezept S. 18; nach Belieben aromatisiert)
3 kg Marzipanrohmasse
Puderzucker für die Arbeitsfläche
3,5 kg weißer Rollfondant
flüssige Speisefarbe in Pink, Grün und Gelb
900 g Eiweiß-Spritzglasur (Rezept S. 29)

UTENSILIEN

4 runde Tortenunterlagen (15, 25, 30 und 40 cm Ø)
großes Brotmesser
Backpinsel · große Palette
Ausrollstab · Ausrollschienen (5 mm hoch)
2 Fondantglätter
etwa 1,5 m pinkfarbenes Satinband (10 mm breit)
Stecknadeln
Rosen- und Rosenblatt-Former
kleine Schüsseln
Papierspritzbeutel (siehe S. 30)
Haarpinsel · Kuchendrehscheibe
je 2 runde Tortenunterlagen (7,5, 15 und 25 cm Ø)
etwa 1,5 m pinkfarbenes Satinband (30 mm breit)
8 Tortendübel

Wer diese nicht ganz einfache Technik zum ersten Mal anwendet, sollte sie auf einer mit Fondant überzogenen Tortenunterlage üben, bis das Ergebnis zufriedenstellend ausfällt. Sobald Sie die Technik jedoch etwas besser beherrschen, können Sie Ihrer Fantasie freien Lauf lassen und Ihre Torten damit in wundervolle, individuelle Kunstwerke verwandeln. Mit der Tortenherstellung sollten Sie mindestens 3 Tage im Voraus beginnen.

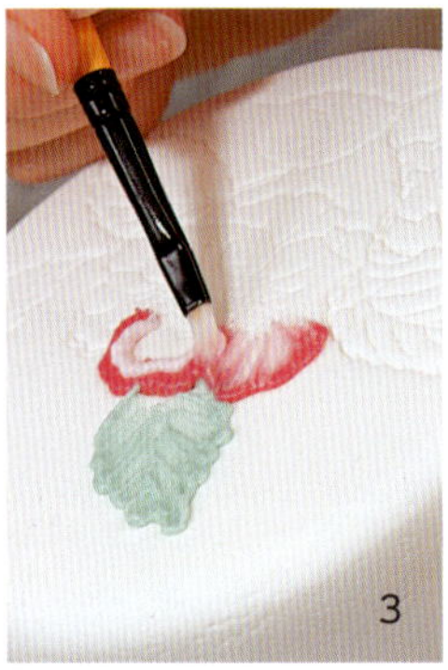

1 Nacheinander alle Kuchen backen, dabei für jeden Kuchen den Teig jeweils frisch zubereiten. Während der Backzeit die Buttercreme herstellen. Die Oberfläche der leicht abgekühlten Kuchen mit dem Brotmesser glätten. Die Kuchen für die Tortenetagen exakt auf die Größe der entsprechenden Tortenunterlagen zuschneiden und mit Zuckersirup tränken.

2 Von jeder Tortenschicht einen Kuchen auf der getränkten Seite mit Buttercreme bestreichen. Die restlichen jeweils passenden Kuchen mit der getränkten Seite nach oben daraufsetzen und leicht andrücken. Jede Torte auf die entsprechende Tortenunterlage setzen und rundherum mit Buttercreme überziehen (siehe S. 22). Etwa 2 Stunden kühl stellen.

3 Die Torten nochmals dünn mit Buttercreme überziehen, damit das Marzipan besser haftet. Die 3 Torten mit Marzipan überziehen (siehe S. 22) und über Nacht ruhen lassen.

4 Etwa 350 g Rollfondant pink einfärben und die große Tortenunterlage (40 cm Ø) damit überziehen. Das schmale Satinband um den Rand der Unterlage spannen und mit Stecknadeln befestigen (siehe S. 24). Den restlichen Fondant portionsweise 5 mm dick und so groß ausrollen, dass er die jeweilige Torte bedecken kann. Die Torten damit überziehen.

5 Solange der Fondant nach dem Überziehen einer Tortenschicht noch feucht ist, mit dem Rosen- und Rosenblatt-Former vorsichtig die Motive prägen (Step 1). Die Torten und die Tortenunterlage über Nacht ruhen lassen.

6 Am nächsten Tag die Eiweiß-Spritzglasur vorbereiten und einfärben: je 150 g pink und rosa, 200 g grün und 100 g gelb; die restliche Glasur weiß lassen. Tropfenweise Wasser unter die Glasuren rühren, bis sie eine weiche Konsistenz haben (siehe S. 29/30). Alle Glasuren in Spritzbeutel füllen.

7 Zum Anfeuchten des Haarpinsels ein Schälchen mit Wasser bereitstellen. Mit den grünen Blättern beginnen: Mit der grünen Eiweiß-Spritzglasur die Konturen eines Blattes in einer kräftigen Linie nachzeichnen. Mit dem angefeuchteten Pinsel die grüne Glasur von außen nach innen ziehen, um den Blattadern Struktur zu geben (Step 2). Auf diese Weise alle Laubblätter konturieren und strukturieren, dabei den Pinsel ab und zu reinigen.

8 Wenn alle Blätter fertig sind, die Blütenblätter gestalten: Die Konturen eines Blütenblatts mit der pinkfarbenen Glasur in einer kräftigen Linie nachzeichnen und an der Innenseite dieser Kontur eine weitere Konturlinie mit der rosafarbenen Glasur aufspritzen. Mit dem angefeuchteten Pinsel die Glasuren so von außen nach innen ziehen, dass sich die Farben leicht vermischen (Step 3). Auf diese Weise zunächst alle äußeren Blütenblätter zeichnen, dabei den Pinsel ab und zu reinigen.

9 Für einen dreidimensionalen Effekt auf den bereits eingefärbten Blüten auf die gleiche Weise zusätzliche kleinere Blütenblätter zeichnen, bei Aufsicht um den Blütenmittelpunkt, bei Seitenansicht um den Kelch (siehe S. 118). Bei Blüten in Seitenansicht zusätzlich die grünen Kelchblätter überlappend auf die Blüten zeichnen.

10 Zuletzt mit der gelben Glasur kleine Punkte dicht nebeneinander in die Mitte der Blüten setzen (Step 4). Die Glasuren 1 bis 2 Stunden trocknen lassen. Die Spritzbeutel in Frischhaltefolie wickeln und beiseitelegen.

11 Die Torten nacheinander auf die Kuchendrehscheibe setzen und mit der weißen Glasur jeweils eine Perlenbordüre an den unteren und oberen Rand spritzen (Spritztechnik siehe S. 31). Trocknen lassen.

12 Als kleine Podeste zwischen den Tortenetagen die Tortenunterlagen jeweils paarweise mit 1 Klecks Eiweiß-Spritzglasur genau aufeinanderkleben. Je ein breites Satinband um den Rand der Unterlagen spannen und mit Stecknadeln befestigen (siehe S. 24).

13 Zum Aufbauen der Etagen in der Mitte der untersten Torte vier Punkte so markieren, dass sie die Eckpunkte eines 12,5 x 12,5 cm großen Quadrats bilden. An diesen Punkten jeweils Tortendübel in die Torte stecken und auf die richtige Länge bringen (siehe S. 25).

14 Im Zentrum der mittleren Torte die Eckpunkte eines 5 x 5 cm großen Quadrats markieren und die Dübel an diesen Punkten platzieren.

15 Das große Podest in der Mitte der mit Fondant überzogenen Tortenunterlage mit Spritzglasur ankleben und die größte Torte mittig daraufsetzen. Das mittlere Podest so auf die unterste Torte setzen, dass die Tortendübel verdeckt sind. Die mittlere Torte mittig auf dem Podest platzieren. Das kleinste Podest daraufsetzen und die oberste Torte in die Mitte platzieren.

Geschenk zum Vernaschen

Wenn Sie nicht wissen, was Sie zu einer Geburtstagsparty mitbringen sollen, ist diese Torte die ideale Lösung. Mit der großen schimmernden Schleife und den verspielten Punkten wirkt sie wie eine echter Geschenkkarton.

FÜR ETWA 36 PORTIONEN

1,8 kg weißer Rollfondant
Speisefarbe in Grün und Pink (in Pastenform)
1 gestr. EL Tragant-Pulver
Speisefarben-Kristallpulver in Grün
klarer Alkohol (z. B. Wodka)
2 quadratische Kuchen (20 x 20 cm; je 2 Grundrezepte → S. 15, nach Belieben aromatisiert)
150 ml Zuckersirup (Rezept S. 18, nach Belieben aromatisiert)
250 g Buttercreme (Rezept S. 18) oder Belgische Ganache (Rezept S. 19)
Puderzucker für die Arbeitsfläche
750 g Marzipanrohmasse
etwas Eiweiß-Spritzglasur (Rezept S. 29)

UTENSILIEN

Frischhaltefolie
kleiner Ausrollstab
Plastikbrett mit Antihaftoberfläche
Küchenmesser
dicker Haarpinsel
Küchenpapier
Backpinsel
Pergamentpapier
großes Brotmesser · große Palette
1 quadratische Tortenunterlage (20 x 20 cm)
Ausrollstab · Ausrollschienen (5 mm hoch)
2 Fondantglätter
runde Ausstechformen (in verschiedenen Größen)
Papierspritzbeutel (siehe S. 30)

Die Schleife sollten Sie 3 Tage, die Torte 2 Tage im Voraus anfertigen. Tragant-Pulver ist in der Apotheke erhältlich. Es gibt dem Fondant mehr Elastizität und Festigkeit, sodass man aus ihm auch geschwungene, filigrane Formen wie die grüne Schleife herstellen kann.

1 Etwa 500 g Fondant hellgrün einfärben. Das Tragant-Pulver gründlich mit dem Fondant verkneten. Den Fondant in Frischhaltefolie wickeln und etwa 30 Minuten ruhen lassen – dann lässt sich der Fondant ausgezeichnet formen.

2 Mit dem kleinen Ausrollstab ein Stück grünen Fondant auf dem Plastikbrett sehr dünn ausrollen und mit dem Küchenmesser zwei 5 cm breite und 15 cm lange Streifen ausschneiden. Mit dem Haarpinsel Kristallpulver auf die Streifen auftragen (siehe S. 125, Step 1).

3 Für die eine Hälfte der Schleife einen Streifen umdrehen (Step 2). Mehrere Blatt Küchenpapier zu einem Zylinder mit 5 cm Ø zusammenrollen und quer auf die Mitte des Fondantstreifens legen. Die Enden der Fondantstreifen mit etwas Alkohol bestreichen, aufeinanderlegen und zusammendrücken (Step 3). Den Schleifenbogen auf ein Stück Pergamentpapier legen. Die zweite Hälfte der Schleife auf die gleiche Weise anfertigen und die Schleife 3 Tage trocknen lassen. Den restlichen Fondant in Frischhaltefolie wickeln und kühl stellen.

DIE TORTE HERSTELLEN

4 Am nächsten Tag die Kuchen backen und leicht abkühlen lassen. Die Oberflächen beider Kuchen glätten und die Kuchen, wie auf S. 22 beschrieben, exakt auf die Tortenunterlage zuschneiden. Beide Kuchen mit Zuckersirup tränken. Einen Boden auf der getränkten Seite mit Buttercreme bestreichen. Den zweiten Kuchen mit der getränkten Seite nach oben daraufsetzen und leicht andrücken. Die Torte auf die Tortenunterlage setzen. Rundum mit Buttercreme überziehen. Torte und Buttercreme mindestens 2 Stunden kühl stellen.

5 Die Torte nochmals dünn mit Buttercreme überziehen, damit der Marzipanüberzug gut haftet. Das Marzipan auf der mit Puderzucker bestäubten Arbeitsfläche mithilfe der Ausrollschienen 5 mm dick ausrollen. Die Marzipanplatte auf die Torte legen und an den Seiten vorsichtig andrücken. Überschüssiges Marzipan mit dem Küchenmesser abschneiden. Das Marzipan rundherum mit den Fondantglättern glatt streichen. Über Nacht ruhen lassen.

6 Alle Seiten der Torte mit etwas Alkohol bestreichen, damit der Fondantüberzug gut haftet. Etwa 900 g Rollfondant mithilfe der Ausrollschienen dünn ausrollen und wie den Marzipanüberzug in Schritt 5 verarbeiten. Wiederum über Nacht ruhen lassen.

DIE TORTE DEKORIEREN

7 Den restlichen grünen Fondant zu einer länglichen Platte ausrollen. Daraus zwei 5 cm breite Streifen schneiden, die so lang sind, dass sie über die gesamte Torte reichen. Für die Schleifenbänder zwei 5 cm breite und 12 cm lange Streifen ausschneiden. Jeweils das untere Ende v-förmig zuschneiden und das obere zusammendrücken. Für den Knoten einen 5 cm breiten und 8 cm langen Streifen zuschneiden.

8 Die Oberseite aller Streifen mit Kristallpulver bestreichen. Die Unterseite der langen Streifen mit ein wenig Alkohol bestreichen. Einen Streifen wie ein Geschenkband auf die Torte kleben und in der Mitte der Torte zusammendrücken (Step 4). Den zweiten Streifen quer dazu aufkleben und an der Schnittstelle ebenfalls zusammendrücken (Step 5). Überschüssigen Fondant an der Unterkante der Torte mit dem Messer abschneiden.

9 Den restlichen weißen Fondant ungefähr halbieren. Eine Hälfte rosa, die andere kräftig pink einfärben. Beide Massen auf dem Plastikbrett dünn ausrollen. Mit den runden Ausstechformen unterschiedlich große Kreise ausstechen. Die Kreise mit etwas Alkohol – kunterbunt verteilt – auf die Torte kleben (Step 6). Für sich überschneidende Kreise aus einem großen frisch angeklebten Kreis mit einem kleineren Ausstecher ein Stück ausstechen und einen Fondantkreis in der Größe des Ausstechers in die entstandene Lücke kleben.

10 Die beiden getrockneten Schleifenbogen mit etwas steifer Eiweiß-Spritzglasur am Kreuzungspunkt der Fondantstreifen ankleben. Die Schleifenbänder an die Schleife kleben und arrangieren. Zum Schluss die Enden des kurzen Fondantstreifens einklappen und den Streifen als Schleifenknoten quer über die Schleife kleben. So formen, dass er wie ein echter Schleifenknoten wirkt (siehe Bild links).

Monogramm-Torte

Eine besonders persönliche Note bekommt dieses zeitgemäße grafische Design, wenn Sie die Torte mit Initialen von Braut und Bräutigam versehen. Zu dem Schokoladenbraun passt jeder Pastellton, sei es Hellblau, das helle Grün von Salbeiblättern oder ein zartes Karamell.

FÜR ETWA 225 PORTIONEN

2 runde Kuchen (35 cm Ø; je 4¼ Grundrezepte → S. 15, nach Belieben aromatisiert)
2 runde Kuchen (25 cm Ø; je 2 Grundrezepte → S. 15, nach Belieben aromatisiert)
2 runde Kuchen (17,5 cm Ø; je ¾ Grundrezept → S. 15, nach Belieben aromatisiert)
2 runde Kuchen (10 cm Ø; je ¼ Grundrezept → S. 15, nach Belieben aromatisiert)
800 ml Zuckersirup (Rezept S. 18)
3,5 kg Buttercreme (Rezept S. 18)
5 kg Marzipanrohmasse
Puderzucker für die Arbeitsfläche
klarer Alkohol (z. B. Wodka)
3 kg rosafarbener Rollfondant
750 g elfenbeinfarbener Rollfondant
3,25 kg schokoladenbrauner Rollfondant
300 g weiche Eiweiß-Spritzglasur (Rezept S. 29)
flüssige Speisefarbe in Rosa, Elfenbein und Dunkelbraun

UTENSILIEN

großes Brotmesser
5 runde Tortenunterlagen (10, 17,5, 25, 35 und 45 cm Ø)
Backpinsel · Frischhaltefolie
kleine Palette
Ausrollstab · Ausrollschienen (5 mm hoch)
2 Fondantglätter
kleines Plastikbrett mit Antihaftoberfläche
runde Ausstechformen (3 und 5 cm Ø)
kleiner Haarpinsel
kleine Schüsseln
Papierspritzbeutel (siehe S. 30)
Kuchendrehscheibe
2,5 m dunkelbraunes Satinband (7 mm breit)
1,5 m dunkelbraunes Satinband (15 mm breit)
60 cm elfenbeinfarbenes Satinband (7 mm breit)
Stecknadeln
14 Tortendübel

1 Nacheinander alle Kuchen backen, dabei für jeden Kuchen den Teig frisch zubereiten. Rechnen Sie dafür 1 vollen Tag ein. Die Oberfläche der leicht abgekühlten Kuchen mit dem Brotmesser glätten. Die Kuchen für die Tortenetagen exakt auf die Größe der entsprechenden Tortenunterlagen zuschneiden. Mithilfe des Backpinsels mit Zuckersirup tränken. In Frischhaltefolie einschlagen und über Nacht ruhen lassen.

2 Die Buttercreme herstellen. Von jeder Tortenschicht einen Kuchen mit der getränkten Seite nach oben mit Buttercreme bestreichen, den zweiten Kuchen mit der getränkten Seite nach oben darauflegen, leicht andrücken. Die Kuchen auf die passenden Tortenunterlagen setzen.

3 Die Torten jeweils rundherum mit Buttercreme überziehen und mindestens 2 Stunden kühl stellen. Nochmals mit einer dünnen Schicht Buttercreme bestreichen und mit Marzipan überziehen (siehe S. 22). Die Torten mit Alkohol bestreichen und mit Fondant überziehen. Dafür vom rosafarbenen Rollfondant 150 g abnehmen und beiseitelegen. Die kleine Torte mit 400 g rosafarbenem Fondant, die große Torte mit dem restlichen rosafarbenen Fondant überziehen. Die zweitkleinste Torte mit dem elfenbeinfarbenen und die letzte Torte mit 1,25 kg schokoladenbraunem Fondant überziehen (siehe S. 22). Die große Tortenunterlage mit 1,5 kg schokoladenbraunem Fondant überziehen (siehe S. 24). Über Nacht ruhen lassen.

4 Eine dünne Schicht Eiweiß-Spritzglasur in die Mitte der großen Tortenunterlage streichen und die größte Torte daraufsetzen. Den restlichen schokoladenbraunen Fondant auf dem mit Puderzucker bestäubten Plastikbrett dünn ausrollen und Kreise ausstechen (3 cm Ø). Die Kreise mithilfe von Alkohol in 2 Reihen versetzt auf die größte Torte kleben.

5 Die Eiweiß-Spritzglasur auf 3 Schüsseln verteilen. Rosa, elfenbeinfarben und dunkelbraun färben und in Spritzbeutel füllen. Mit elfenbeinfarbener Glasur rund um die Kreise engstehende perlförmige Punkte aufspritzen, dann in einer zweiten Reihe weiter auseinanderstehende Punkte. Kreise aus dem rosa Rollfondant ausstechen (5 cm Ø) und mithilfe von Alkohol in einer Reihe in gleichmäßigen Abständen auf die elfenbeinfarbene Torte kleben. Mit der dunkelbraunen Spritzglasur Punkte um die Kreise aufspritzen und trocknen lassen. Für das Anbringen der Monogramme die elfenbeinfarbene Torte auf die Kuchendrehscheibe setzen. Mit weicher dunkelbrauner Eiweiß-Spritzglasur (siehe S. 29/30) die gewünschten Initialen auf die rosa Kreise schreiben.

6 Nun die braune Torte auf die Kuchendrehscheibe setzen. Mit winzigen Glasurpunkten die Seite der Torte rundherum in gleich große Segmente einteilen (Abstand etwa 5 cm). Mit weicher pinkfarbener Glasur die Girlandenbogen aufspritzen – die Markierungspunkte dienen zur Orientierung. Drei Schlaufen und darunter kleiner werdende Punkte aufspritzen.

7 Mit der rosafarbenen Torte den Schritt 6 mit der braunen Spritzglasur wiederholen (siehe rechts). Das breite braune Satinband um die mit Fondant überzogene Tortenunterlage spannen und mit Stecknadeln fixieren (siehe S. 24). Die restlichen Satinbänder um den unteren Rand der Torten spannen und jeweils mit 1 Tupfen Glasur fixieren. Für die unterste Torte 6 Tortendübel und für die weiteren Etagen jeweils 4 Tortendübel anbringen und die Etagen aufbauen (siehe S. 25).

Gänseblümchen-Kaskaden

Ähnlich wie bei dem »Blütentraum in Rosarot« geben dezent eingesetzte Elemente auch dieser lieblichen Torte eine spielerische Note. Hier sind es Schleifchen aus weißem Fondant und eine frische mintgrüne Glasur.

FÜR ETWA 90 PORTIONEN

1 zweistöckige Torte mit Füllung und Überzug (Teigmenge und Zubereitung S. 22–26)
500 g Eiweiß-Spritzglasur (Rezept S. 29)
flüssige Speisefarbe in Gelb
250 g weißer Rollfondant
Puderzucker für die Arbeitsfläche
klarer Alkohol (z. B. Wodka)

UTENSILIEN

kleine Schüssel · kleine Palette
Papierspritzbeutel (siehe S. 30)
Garniertüllen (siehe S. 32)
Pergamentpapier · Blumennagel
Frischhaltefolie · kleiner Ausrollstab
kleines Plastikbrett mit Antihaftoberfläche
feiner Haarpinsel
Küchenmesser

Für die Torte die Kuchen backen und überziehen. Die Tortenunterlage mit Fondant überziehen und die Tortenschichten zusammensetzen (Rezepte und Anleitungen siehe S. 22–26).

1 Für die Dekoration 100 g Eiweiß-Spritzglasur gelb färben, den Rest weiß lassen. Daraus, wie auf Seite 32 beschrieben, 120 Gänseblümchen herstellen. Über Nacht trocknen lassen. Die restliche Glasur mit Frischhaltefolie zudecken und beiseitestellen.

2 Den Fondant auf der mit Puderzucker bestäubten Arbeitsfläche zu einem etwa 1 m langen und 5 cm breiten Streifen ausrollen. Zwei 2 cm breite Streifen ausschneiden, davon einen in einen 70 cm, zwei 12 cm und zwei 3 cm lange Abschnitte teilen. Die beiden langen Streifen aufrollen. Den unteren Rand jeder Torte mit Alkohol bestreichen, die langen Fondantstreifen ankleben (Step 1) – die Nahtstellen der Streifen sollten direkt übereinanderliegen.

3 In der Mitte der 12 cm langen Streifen gegenüberliegend je ein »V« ausschneiden. Etwas Alkohol auf die Mitte der Streifen streichen, die Enden daraufklappen und ankleben (Step 2). Je einen kurzen Fondantstreifen mit Alkohol auf die Schleifennaht kleben und seitlich etwas zusammendrücken (Step 3). Die Schleifen auf die Nähte des Fondantbands kleben. Die Blüten mit Spritzglasur an die Seitenwände der Torten kleben und antrocknen lassen.

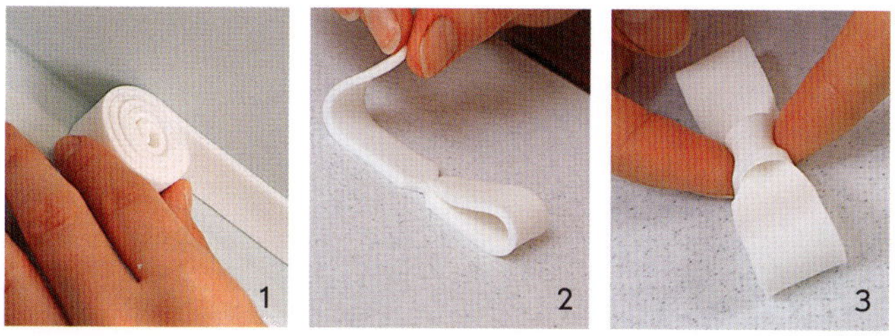

Rosenbett

Rosen symbolisieren für mich die ewige Liebe, weshalb sie zu meinen liebsten Dekors für Hochzeitstorten und -kuchen zählen.
Vor allem Rosen in verschiedenen Rottönen – von zartem Rosa über knalliges Pink bis hin zu einem tiefen Rot – sehe ich als Inbegriff der Romantik.
Zu einem besonderen Eyecatcher werden die Marzipanrosen, wenn man sie vor dem Dekorieren noch in farblich passenden Kuchenglitter taucht.
Dieses Rosenbett ist eine meiner Lieblings-Hochzeitstorten (siehe unten).

FÜR 40–60 PORTIONEN

Puderzucker für die Arbeitsfläche
klarer Alkohol (z. B. Wodka)
500 g roter Rollfondant
etwa 2 kg Marzipanrohmasse
Speisefarbe in Rot (in Pastenform)
Kuchenglitter in Pink
1 quadratischer Kuchen (20 x 20 cm; 1 Grundrezept → S. 15, nach Belieben aromatisiert und überzogen mit rotem Marzipan → Rezept S. 22)
etwas Eiweiß-Spritzglasur (Rezept S. 29)

UTENSILIEN

1 quadratische Tortenunterlage (25 x 25 cm)
weicher Backpinsel
Ausrollstab · Ausrollschienen (3 mm hoch)
Fondantglätter · große Palette
Frischhaltefolie
mehrere Bogen Cellophan
etwa 1,2 m Satinband in Fuchsienrosa (15 mm breit)
Stecknadeln
kleine Palette · kleine Schüssel
Papierspritzbeutel (siehe S. 30)

Für eine Hochzeit sollte ich dieses Rosenbett einmal in einer quadratmetergroßen Version herstellen. Eine echte Herausforderung, denn ich musste 1500 Rosen anfertigen. Nach Tagen, an denen ich Rosen wie am Fließband produzierte, lieferte ich die Torte ab – total erschöpft, mit geschwollenen Händen und mit Glitter bedeckt, aber stolz auf meine Leistung. Und die Arbeit hatte sich wirklich gelohnt, denn das Rosenbett machte enormen Eindruck und wurde von allen bestaunt. Inzwischen hat sich diese Torte zu einem Bestseller entwickelt und als eine meiner romantischsten Kreationen einen Platz in diesem Buch wirklich verdient – auch wenn ich zugeben muss, dass sie vor allem etwas für passionierte Rosenbastler ist.
Damit Sie nicht unter Zeitdruck geraten, sollten Sie die Tortenunterlage am besten 1 bis 2 Tage im Voraus mit dem Fondant überziehen und die Rosen ebenfalls mindestens 1 bis 2 Tage vor der Verwendung anfertigen. Den Boden backen Sie idealerweise mindestens 1 Tag vor der Fertigstellung und überziehen ihn dann auch schon mit Marzipan.

1 Die Tortenunterlage mit Puderzucker bestäuben und mit Alkohol bestreichen. Den Fondant auf der mit Puderzucker bestäubten Arbeitsfläche 3 mm dick ausrollen. Die Tortenunterlage mit dem Fondant überziehen und 1 bis 2 Tage trocknen lassen (siehe S. 24).

2 Für die Marzipanrosen und -knospen das Marzipan tiefrot färben. Für die hier angegebene Tortengröße benötigte ich 80 Rosenknospen (wobei 20 davon für die größeren Rosen verwendet werden) und 20 größere offene Rosen. Die genaue Anzahl hängt jedoch von der Größe der von Ihnen hergestellten Exemplare ab.

3 Für jede Rosenknospe von dem gefärbten Marzipan 3 sehr kleine Mengen abnehmen und zu 2 haselnussgroßen Bällchen und 1 doppelt so langen Röllchen formen. Marzipan, das gerade nicht verarbeitet wird, in Frischhaltefolie wickeln, damit es nicht austrocknet.

4 Die Bällchen und das Röllchen zwischen 2 Lagen Cellophan legen (siehe S. 35, Step 1). Das Röllchen seitlich flach drücken, um es zu verlängern. Eine Längsseite mit dem Daumen ausstreichen, bis sie sehr dünn ist.

5 Für die weiteren Blütenblätter mit dem Daumen die Bällchen jeweils von der Mitte her bis zu einer Außenkante flach drücken, bis sich ein rundes Blütenblatt mit einer dünnen und einer dicken Seite gebildet hat (siehe S. 35, Step 2).

6 Für das Zentrum der Rose das erste lange Blütenblatt spiralförmig einrollen, wobei die dünne Seite nach oben zeigt (siehe S. 35, Step 3). Dann eines der beiden kleinen, runden Blütenblätter mit der dünnen Seite nach oben über die Fuge und rund um das Blütenzentrum legen (siehe rechts, Step 1).

7 Das dritte Blütenblatt ein wenig unter das zweite schieben und rundum vorsichtig andrücken (siehe rechts, Step 2). Die Ränder der Blütenblätter mit den Fingerspitzen nach außen rollen (siehe rechts, Step 3).

8 Für eine größere Rose aus dem roten Marzipan 8 weitere Blütenblätter – wie in Schritt 3 beschrieben – formen und so um die Knospe legen, dass sie leicht überlappen (siehe rechts, Step 4). Die Ränder der Blütenblätter mit den Fingerspitzen nach außen rollen. Zuletzt am unteren Ende der Rose einen Stielansatz formen und das überschüssige Marzipan abzwicken (siehe rechts, Step 5).

9 Solange das Marzipan noch feucht ist, jede Rose vorsichtig in den Kuchenglitter tauchen (siehe rechts, Step 6) und die Rosen 1 bis 2 Tage trocknen lassen. In dieser Zeit können Sie den Kuchen backen und mit Marzipan überziehen.

10 Zum Fertigstellen des Rosenbetts das Satinband um die mit Fondant überzogene Tortenunterlage spannen und mit Stecknadeln fixieren (siehe S. 24). Auf die Mitte der Tortenunterlage eine dünne Schicht Eiweiß-Spritzglasur streichen und den Kuchen daraufsetzen.

11 Die restliche Eiweiß-Spritzglasur in eine kleine Schüssel füllen und intensiv rot färben. Die Glasur in den Spritzbeutel füllen und die gut getrockneten Marzipanrosen mit jeweils 1 Tupfen roter Glasur dicht an dicht auf die Torte kleben – erst ringsum am Tortenrand die größeren Rosen anbringen, dann mit den Rosenknospen die restliche Kuchenfläche füllen.

12 Das Rosenbett noch einige Stunden (am besten über Nacht) ruhen lassen, bis die Rosen fest auf dem Kuchen fixiert sind.

Hochzeitstorte im Retro-Style

Mit ihrem bestechend klaren Design ist diese schokoladenbraune Torte ideal für eine unkonventionelle Hochzeit. Die Farbkombination wirkt edel und zugleich peppig modern. Meine anderen Lieblingsfarben für diese Kreation sind gedecktes Pink, Salbeigrün und Taupe, eine braungraue Trendfarbe.

FÜR ETWA 120 PORTIONEN

2 runde Schokoladenkuchen (25 cm Ø; je 2 Grundrezepte → S. 17)
2 runde Schokoladenkuchen (17,5 cm Ø; je ¾ Grundrezept → S. 17)
2 runde Schokoladenkuchen (10 cm Ø; je ¼ Grundrezept → S. 17)
1,5 kg Belgische Ganache (Rezept S. 19)
400 ml Zuckersirup (Rezept S. 18)
Puderzucker für die Arbeitsfläche
2,4 kg Marzipanrohmasse
Kokosfett
300 g Eiweiß-Spritzglasur (Rezept S. 29)
flüssige Speisefarbe in Braun und Blau
3,3 kg schokoladenbrauner Rollfondant
klarer Alkohol (z. B. Wodka)

UTENSILIEN

großes Brotmesser
4 runde Tortenunterlagen (10, 17,5, 25 und 35 cm Ø)
weicher Backpinsel · große Palette
Pergamentpapier
Ausrollstab · Ausrollschienen (5 mm hoch)
Küchenmesser · Fondantglätter
2–3 Bogen Cellophan
kleine Schüsseln · kleine Palette
Papierspritzbeutel (siehe S. 30)
Frischhaltefolie · dünne Pappe
1,5 m schokoladenbraunes Satinband (15 mm breit)
Stecknadeln · 8 Tortendübel

1 Die gebackenen Kuchen, wie auf S. 22 beschrieben, glätten und exakt auf die Größe der entsprechenden Tortenunterlagen zuschneiden. Etwas Ganache als Klebstoff auf die Tortenunterlagen streichen und je einen passenden Kuchen mit der geglätteten Oberseite nach unten daraufsetzen. Die Oberflächen aller Schokoladenkuchen mit Zuckersirup tränken und die Kuchen, die bereits auf den Tortenunterlagen sitzen, jeweils mit einer dünnen Schicht Ganache bestreichen. Die restlichen Kuchen mit der getränkten Seite nach oben daraufsetzen und die Torten vollständig mit Ganache überziehen (siehe S. 22, Step 1 und 2). Mindestens 2 Stunden kühl stellen. Restliche Ganache ebenfalls kühl stellen.

2 Die Arbeitsfläche mit Pergamentpapier belegen. Die erste Torte daraufstellen und dünn mit Ganache überziehen, damit der Marzipanüberzug gut haftet. Auf der mit Puderzucker bestäubten Arbeitsfläche knapp die Hälfte des Marzipans kneten, bis es weich und gut formbar ist. Die Masse 5 mm dick und so groß ausrollen, dass sie die Torte bedecken kann. Die Marzipanplatte mithilfe des Ausrollstabs auf die Torte legen (siehe S. 23, Step 3).

3 Das Marzipan mit den Händen sofort vorsichtig glatt streichen, sodass es ringsum an dem Ganache-Überzug haftet, Blasen aufstechen und verstreichen. Überschüssiges Marzipan wegschneiden und den Marzipanüberzug mithilfe der Fondantglätter rundherum glätten (siehe S. 23, Step 4 und 5). Die beiden anderen Torten in gleicher Weise mit dem restlichen Marzipan überziehen. Den Überzug 1 Tag trocknen lassen.

4 Für die Schmetterlinge einen Bogen Cellophan auf die Schmetterlingsvorlage (siehe S. 140) legen und mit den Fingern eine hauchdünne Schicht Kokosfett auftragen, damit die Glasur nicht anklebt. 100 g Eiweißspritzglasur schokoladenbraun färben. Tropfenweise Wasser unterrühren, bis die Glasur eine weiche Konsistenz hat (siehe S. 29/30). 150 g Glasur hellblau färben und mit etwas Wasser zu einer flüssigen Konsistenz verrühren. Beide Glasuren in Spritzbeutel füllen. Die restliche Glasur zudecken und beiseitestellen.

5 Mit der weichen schokoladenbraunen Glasur die Konturen der Schmetterlinge aufspritzen und die Glasur leicht trocknen lassen. Mit der flüssigen hellblauen Glasur die Flügel ausfüllen und die Glasur trocknen lassen. Mit der weichen braunen Glasur Punkte auf die Schmetterlingsflügel setzen. Den Spritzbeutel mit der braunen Glasur in Frischhaltefolie wickeln und beiseitelegen. Die Flügel über Nacht trocknen lassen.

6 Von dem Fondant 900 g abnehmen und beiseitelegen. Den getrockneten Marzipanüberzug mit Alkohol bestreichen, dann die Torten mit dem restlichen Fondant überziehen; dabei so verfahren, wie in Schritt 2 beschrieben. Die große Tortenunterlage, wie auf S. 24 beschrieben, mit dem beiseitegelegten Fondant überziehen. Torten und Tortenunterlage 1 Tag trocknen lassen.

7 Zum Fertigstellen der Schmetterlinge, wie auf S. 81 beschrieben, in brauner Farbe Schmetterlingskörper aufspritzen und mit den Flügeln zusammensetzen. Die Schmetterlinge über Nacht trocknen lassen. Den Spritzbeutel mit der braunen Glasur in Frischhaltefolie wickeln und weiter aufbewahren.

8 Zum Zusammensetzen der Torten um die mit Fondant überzogene Tortenunterlage ein entsprechend langes Satinband spannen und mit Stecknadeln fixieren (siehe S. 24). Um die unteren Ränder der 3 Torten ebenfalls je ein Satinband legen und mit 1 Tupfen Spritzglasur fixieren. Mithilfe der Tortendübel die Torten zusammensetzen (siehe S. 25).

9 Die beiseitegestellte weiße Eiweiß-Spritzglasur hellblau färben und tropfenweise Wasser unterrühren, bis die Glasur eine weiche Konsistenz hat. Die Glasur in einen Spritzbeutel füllen und jeweils an den oberen und unteren Rand der Satinbänder sowie an den Rand der großen Tortenunterlage in gleichmäßigem Abstand kleine »Perlen« setzen. Die Schmetterlinge mit etwas weicher brauner Glasur auf die Torten und die Tortenunterlage kleben.

Vorlagen

Die Vorlagen der kleinen Schmetterlinge benötigen Sie für das Rezept auf S. 78, die Weihnachtsbäumchen für das auf S. 106. Nach der Vorlage unten werden die Schmetterlinge auf S. 138 gefertigt. Am besten kopieren Sie sich zum Nachzeichnen der Formen die entsprechenden Vorlagen aus dem Buch.

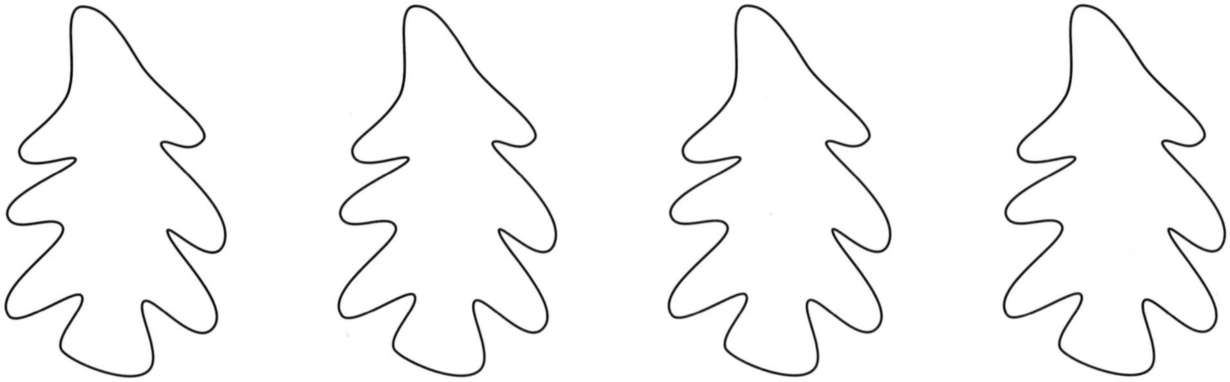

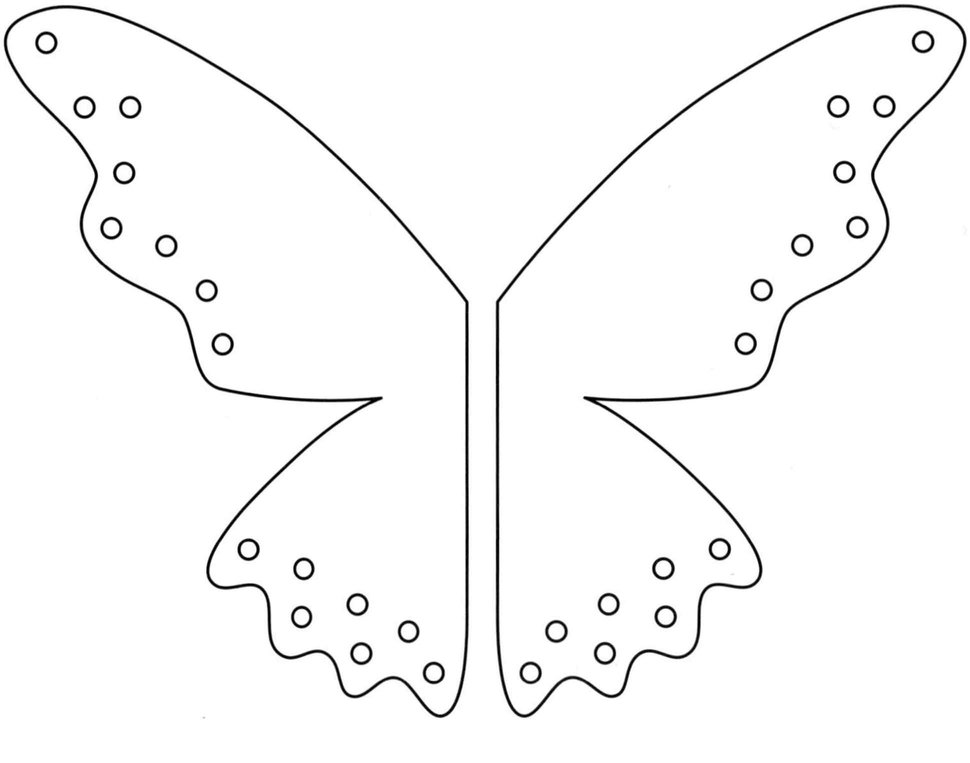

Glossar

Zutaten und Utensilien für die Torten- und Gebäckdekoration sind in Fachgeschäften erhältlich. Diese bieten ihre Produkte auch per Katalog oder im Internet an (siehe Adressen unten). Viele der Produkte, insbesondere Basisprodukte wie Marzipan, Fondant oder einfache Speisefarbe sowie Ausstechformen, findet man auch in gut sortierten Supermärkten bzw. in Haushaltswaren-Fachgeschäften.

ZUTATEN

Blütenpaste ist eine feine, geschmeidige Masse aus Puderzucker, Gelatine und Tragant-Gummi, die nach dem Trocknen sehr hart wird und wie Porzellan wirkt. Man verwendet sie für kunstvolle handgemachte Blüten.

Glukosesirup, eine zähflüssige Maissirupart, verleiht Fondant einen schönen Glanz.

Fondant wird aus Zucker, Wasser und Weinstein hergestellt. Er wird häufig als Glasur in der Confiserie, Patisserie und bei der Tortendekoration verwendet. Gebrauchsfertigen Fondant (Fondantmasse, Roll- oder Dekorfondant genannt) bekommt man im Block oder als Pulver, das mit Wasser angerührt werden muss. Fondant eignet sich auch zum Gestalten von Blüten und anderen Dekorationen wie Schleifen oder grafischen Formen.

Kuchenglitter ist ein essbares Spezialprodukt. Andere Glitterformen, z. B. aus dem Bastel- oder Kosmetikbereich, dürfen für Torten- und Gebäckdekoration nicht verwendet werden!

Marzipan wird aus fein gemahlenen Mandeln und Puderzucker hergestellt. Man überzieht damit große Torten vor dem Glasieren, um ein Austrocknen zu verhindern und die Form zu stabilisieren. Als leicht modellierbare Masse eignet es sich auch ausgezeichnet für Blüten, da sich einzelne Blütenblätter sehr natürlich zusammenfügen lassen.

Speisefarben (auch Lebensmittelfarben genannt) werden in den Rezepten dieses Buches in flüssiger oder Pastenform verwendet. Da die Pasten konzentrierter sind als die flüssigen Farben, eignen sie sich besser für das Färben von Fondant und Marzipan, während sich Eiweiß-Spritzglasur mit den flüssigen Speisefarben schneller und gleichmäßiger einfärben lässt.

Speisefarben-Kristallpulver (auch Schimmerstaub genannt) gibt es in verschiedenen Farben. Man kann es mit etwas Alkohol zu einer dicken Paste anrühren oder als Pulver mit einem Haarpinsel direkt auf die Dekoration auftragen.

Tragant-Pulver (meistens kurz Tragant genannt) wird aus getrocknetem Tragant-Gummi hergestellt. Es ist ein Binde- und Verdickungsmittel, das unter Fondant geknetet wird, um der Masse die Elastizität zu verleihen, die für die Herstellung von Blüten nötig ist. Zugleich fördert es auch die Verfestigung des Fondants, wenn er an der Luft trocknet. Mit etwas Wasser vermischt, eignet sich Tragant-Pulver auch bestens als essbarer Klebstoff.

Trockeneiweiß ist Eiweiß in Pulverform und wird aus Sicherheitsgründen anstelle von frischem Eiweiß zur Herstellung von Eiweiß-Spritzglasur verwendet, da es pasteurisiert ist.

UTENSILIEN

Ausrollschienen helfen, Teig, Fondant oder Marzipan gleichmäßig dünn auszurollen.

Blumennagel, eine kleine Platte mit Stab, dient als Basis beim Herstellen von Blüten aus Eiweiß-Spritzglasur. Während man den Spritzbeutel in der einen Hand hält, lässt sich der Blumennagel in der anderen leicht drehen, sodass man ganz einfach ein Blütenblatt nach dem anderen aufspritzen kann.

Blütenausstecher oder Blütenformer aus Metall oder Plastik gibt es für zahlreiche Blumenarten; in diesem Buch sind Ausstecher für Petunien, Primeln und Veilchen verwendet worden.

Bonetool ist ein längerer Modellierstab, dessen Enden so abgerundet sind wie bei einem Knochen. Man verwendet dieses Werkzeug, um Blütenblätter natürlich zu formen.

Fondantglätter sind rechteckige Kunststoffscheiben mit Griff, die dazu dienen, Überzüge aus Fondant und Marzipan zu glätten.

Metallspachtel dienen dazu, überschüssige Creme nach dem Füllen oder Überziehen von der Torte abzustreifen, und helfen so, die Seiten perfekt zu begradigen. Man kann stattdessen auch eine Palette verwenden.

Modellierplatte aus Schaumstoff (auch Foam Pad genannt) gibt es als weiche, glatte Schaumstoffplatte für das feine Ausmodellieren von Blütenblättern mit dem Bone Tool und als feste Platte mit unterschiedlich großen Vertiefungen zum Herstellen dreidimensionaler Blütenkelche.

Prägestempel für Blätter bestehen aus Kunststoff mit naturgetreuem Relief von Blattzeichnungen, z. B. von einem Rosenblatt. Man drückt sie auf die noch weiche bzw. feuchte Dekormasse (Blütenpaste oder Marzipan).

Rosenkelch-Ausstecher verwendet man zum Ausstechen eines Kelchs aus Blütenpaste oder Marzipan.

Bezugsquellen

Bezugsquellen für Zutaten und Utensilien:

Tortissimo Backzubehör
Carl-Benz-Straße 6
35305 Grünberg
Filiale Leipzig:
Speck's Hof / Laden 24
Reichsstraße 4–6
04109 Leipzig
www.tortissimo.de
Tortissimo liefert auch alle Wilton- und PME-Produkte, die in diesem Buch erwähnt sind.

Kopyform GmbH
Rudolf-Diesel-Straße 1
67259 Beindersheim
www.kopyform.de
Produkte für die Tortendekoration

Robert Oppeneder
St.-Martin-Straße 38
81541 München
www.sweetart.de
Spezielle Zutaten und Utensilien sowie Patisserie- und Dekorschule

Online-Shop: Fachhandel für Produkte rund ums Backen, Kochen und Garnieren
www.backformen-shop.de

Online-Shop: Back-Art
www.back-art.ch
Gute Auswahl an Motiv-Backformen, Ausstechformen, Garnierausstechern, Backwerkzeugen und Farben

Die englischsprachige Website der Autorin bietet interessante Informationen und viele weitere Gestaltungsideen rund um das Dekorieren von Torten, Plätzchen und anderem Gebäck.
www.peggyporschen.com

Register

Danksagung

Als ich vor etwa zehn Jahren nach London ging, um Tortendesign zu erlernen, hätte ich es mir in meinen kühnsten Träumen nicht vorstellen können, dass ich einmal dort bleiben und mich selbstständig machen würde. Obwohl es mir nie leichtgefallen ist, mein Zuhause zu verlassen, könnte ich mir keinen schöneren Beruf vorstellen, und es macht mich sehr stolz, dass meine Rezepte jetzt auch in Deutschland erscheinen. Ich hoffe, dass meine Leser sich durch meine süßen Kreationen zum Nachahmen inspirieren lassen.

Ich danke dem Verlag Zabert Sandmann herzlichst für die gute Zusammenarbeit. Ein großer Dank gebührt außerdem Georgia Glynn Smith für ihre phänomenalen Foodfotos sowie Tim Winter für die Porträtfotos von mir. Ein herzliches Dankeschön auch an Susann Naumann, die das Vorwort für dieses Buch verfasst hat.

Nichts von alldem hätte ich allerdings verwirklichen können ohne die liebevolle Unterstützung, den Zuspruch und die Inspiration meines Partners Bryn, meiner Eltern Iris und Helmut und meines Bruders Tom. Ihnen allen werde ich ewig dankbar sein für alles, was sie für mich getan haben.

Nicht zuletzt danke ich meinem Team von »Peggy Porschen Cakes« und unseren treuen Kunden, die entscheidend dazu beigetragen haben, dass »Peggy Porschen Cakes« inzwischen zu den in Großbritannien führenden Tortendesign-Firmen zählt.